눈치가 없어
고민입니다

KYOKANSHOGAI : 'HANASHI GA TSUJINAI' NO SHOTAI
by IHOKO KUROKAWA

Copyright © 2019 IHOKO KUROKAWA
Korean translation copyright © 2020 NEXUS Co., Ltd. All rights reserved.
Original Japanese language edition published
by SHINCHOSHA Publishing Co., Ltd.
Korean translation rights arranged with SHINCHOSHA Publishing Co., Ltd.
through Danny Hong Agency.

이 책의 한국어판 저작권은 대니홍 에이전시를 통한 저작권사와의 독점 계약으로 ㈜넥서스에 있습니다.
저작권법에 의해 한국 내에서 보호를 받는 저작물이므로 무단 전재 및 무단 복제를 금합니다.

눈치가 없어 고민입니다

지은이 구로카와 이호코
옮긴이 김윤경
펴낸이 임상진
펴낸곳 (주)넥서스

초판 1쇄 인쇄 2020년 3월 20일
초판 1쇄 발행 2020년 3월 30일

출판신고 1992년 4월 3일 제311-2002-2호
10880 경기도 파주시 지목로 5 (신촌동)
Tel (02)330-5500 Fax (02)330-5555

ISBN 979-11-6165-935-0 03320

출판사의 허락 없이 내용의 일부를
인용하거나 발췌하는 것을 금합니다.

가격은 뒤표지에 있습니다.
잘못 만들어진 책은 구입처에서 바꾸어 드립니다.

이 도서의 국립중앙도서관 출판예정도서목록(CIP)은 서지정보유통지원시스템
홈페이지(http://seoji.nl.go.kr)와 국가자료공동목록시스템(http://www.nl.go.
kr/kolisnet)에서 이용하실 수 있습니다. (CIP제어번호 : CIP2020010715)

www.nexusbook.com

눈치가 없어 고민입니다

구로카와 이호코 지음

김윤경 옮김

넥서스BIZ

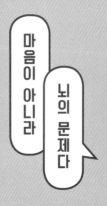

마음이 아니라 뇌의 문제다

회의가 끝난 뒤, 선배가 커피 컵을 정리하기 시작한다.
당신이 신입사원이라면 어떻게 할 것인가.
당연히 선배를 도와주고
다음부터는 솔선해서 정리할 것이다.

그러나 이렇게 행동할 수 없는 사람이 있다. 게을러서 못한
다면 그나마 다행이다. 마음가짐을 바꾸면 되니까. 문제는 '늘
열심히 하고 진지하며 한결같음에도 불구하고' 그런 행동을 하
지 못하는 뇌가 있다는 데 있다.
'선배가 컵을 정리하고 있다'는 현상을 제대로 인지하지 못

하는 것이다. 그 행동이 망막(눈)에는 비치지만, 뇌가 자신과 연관된 행동으로 파악하지 못한다. 길모퉁이 카페에 앉아 오가는 자동차를 멍하니 바라보는 것과 같다.

주변 사람들의 행동을 보고 따라하지 않는다. '상황'을 보면서 '선배의 행동'을 파악하지 못한다. 그래서 선배의 행동을 보면서도 학습할 수 없다.

바로 '공감장애'라고 부르는 뇌의 문제 중 하나다.

상사와 함께 고객을 배웅하고자 엘리베이터에 탄 경우, 막내 직원이 제일 먼저 타서 버튼을 누르고, 상사들끼리 인사할 수 있도록 신경 쓰는 등의 행동은 누가 말해주지 않아도 할 수 있는 일이다. 그러나 공감장애를 가진 내 부하직원은 2년이 지나도 이런 행동을 순조롭게 해내지 못했다.

어느 날 내가 "상사와 함께 있을 때는 엘리베이터에 제일 먼저 타서 버튼을 눌러야 해. 내가 누르면 ○○씨가 민망해지는 거야" 하고 주의를 주었더니, 그런 일은 아무도 가르쳐주지 않았다며 아연실색했다. 고객 담당자가 몇 번이나 그녀 앞에서 이런 행동을 보여주었는데도 말이다.

주의를 받은 다음에도 그녀의 행동은 좀처럼 나아지지 않왔다. 어느 날 그녀는 "복도를 걸어갈 때는 이호코 씨 뒤에서 대기하고 있었는데, 엘리베이터 홀에서는 좀처럼 앞으로 나갈 수가 없었어요. 나갈 타이밍 잡기가 어려웠어요" 하고 한탄했다. "엘리베이터 홀에서는 나도 손님도 걷는 속도를 약간 늦추잖아. 그때 슬쩍 앞으로 나가면 돼" 하고 가르쳐주었다.

그 후에도 어디로 빠져나가야 할지 모르겠다(하나를 해결하더라도 엘리베이터 홀 넓이나 나와 고객의 위치 관계가 바뀌면 모르겠다), 고객이 웃는 얼굴로 바라보고 있는데 언제 시선을 돌리면 좋을지 타이밍을 잡을 수 없어 버튼을 누르지 못했다 등등 '장벽'이 잇달아 나왔고 결국에는 내가 포기해버렸다.

보통은 거의 자동적으로 할 수 있는 일을 아무리 애써도 해내지 못했다. 그녀의 순수한 모습(진지한 면모)을 알고 있는 만큼(그녀가 다른 일에서 얼마나 정성을 다해 주었는지 알고 있는 만큼), 나는 그저 안쓰러웠다.

단순하게 '눈치가 없다' '쓸모없다' '머리가 나쁘다'고 단정 지으면, 상사와 부하의 관계는 평행선을 달릴 뿐이다. 당연한 일인데 "왜 하지 않느냐?"고 나무라면 "아무도 저에게 하라고 말하지 않았는데요?"라는 대답만 돌아올 뿐이다. 주위 사람의 행동을 인지하지 못하기 때문에 본인 입장에서는 마른하늘에 날

　　　　　　　　　　마음이 아니라 뇌의 문제다

벼락인 셈이다.

일 잘하는 상사일수록 이런 답변에 충격을 받는다. 여기에서 부하직원은 '명령이 없었다'는 사실을 확인하는 질문에 불과하지만, 상사 입장에서는 '내가 그런 말을 들을 이유가 없다'는 식의 반항으로 들리기 때문이다. "일할 마음이 있는 거야?"라고 물으면 대답을 하지 못한다. 본인 입장에서는 일할 마음이 있으니까 회사에 나온 거지, 왜 이런 바보 같은 질문을 들어야 하는지 의미를 알 수 없어, 잠자코 있을 수밖에. 게다가 공감장애라면 고개를 끄덕이는 행동도 할 수 없기 때문에, "내 말듣고 있어?"라는 말을 자주 듣는다. 말을 안 듣고 있었던 것은 아니기 때문에 이런 질문 또한 뭐라 대답하면 좋을지 모른다. 서로 말이 전혀 통하지 않는다.

공감장애는 인지하는 상황의 수가 압도적으로 적어서 '내가 모르는 게 있다' '할 수 없는 게 있다'는 것을 알아채지 못하기 때문에 발생한다. 그렇기 때문에 못하면서도 어쩐 일인지 자신감은 충만하고 '세상 별것 없다'며 얕본다. 또는 '세상이 지긋지긋하다'며 삐딱하게 바라본다. 이러한 공감장애를 가진 사람을 팀원으로 두는 것만큼 신경 쓰이는 일은 없다.

그러나 한편으로는 '본인이 인지할 수 있는 것'에 대해서는 전념을 다해 매진한다. 뇌가 선택할 수 있는 경우의 수가 많지 않은 만큼 헤매는 경우가 적고 다른 속내가 없다.

'명랑한 성격의 공감장애를 가진 사람'은 주위 분위기에 휩쓸려 일일이 끌려 다니지 않으므로 평상심을 잃지 않고 소소한 일에 신경 쓰지 않는다. VIP에 둘러싸여도 당당하게 제 몫을 하고, 미리 약속하지 않고 찾아가는 영업 행위로 문전박대를 당해도 주눅 들지 않는다. '어떻게 하지' 생각하기보다 '어떻게든 되겠지' 생각하는 편이 압도적으로 많다. 분위기 메이커로는 최적이다.

'내향적인 성향의 공감장애를 가진 사람'은 한 가지 재주가 뛰어나 창조적인 영역에 도움이 되는 경우가 많다. 여기에서 말하는 '한 가지 재주'는 예술적인 재능만이 아니다. 사소한 일이 신경 쓰여 견딜 수 없거나, 똑같은 일을 싫증내지 않고 일관되게 계속해내는 특성도 포함한다. 전문가 영역에서는 이런 뇌의 특성도 크나큰 재능이다. 서로의 관계가 찰떡궁합이어서 '하나를 듣고 열을 알아차리기'를 바라지만 않는다면 나쁘지 않은 직원이다. 이들은 '본인이 인지할 수 있는 범위 안에서는 의외로 기지(機智)를 발휘한다.

마음이 아니라 뇌의 문제다

상사로서 공감장애를 가진 부하직원을 잘 이끄는 첫 번째 요령은 '암묵적으로 당연하다고 여기는 일'을 하지 못한다고 해서 게으르거나 오만하다고 단정 짓지 않는 것이다. 화내지 말고 전략을 세워줘야 한다. 또한 '해야 할 일'의 범위를 좁히고 '이것저것' 많은 것을 바라지 않아야 한다.

(공감장애를 지녔다 해도) 공감장애를 이해할 수 있는 상사 휘하에서 재능 있고 늠름한 구성원으로 활약할 수 있다. 한편 공감장애를 이해하지 못하는 상사 휘하에서는 가치가 없는 사람으로 여겨질 수도 있다.

당신의 팀원은 괜찮은가. 당신 자신은 괜찮은가.

더욱 심각한 경우는 내 아이가, 배우자 또는 부모가 공감장애 성향을 드러내는 경우다. 본래 남녀의 뇌나 부모자식의 뇌는 뇌신경신호의 특성이 크게 다르기 때문에 공감장애가 없어도 상대의 의사표현을 올바르게 이해하지 못하는 경우가 많다. 이에 더해 공감장애가 있다면 눈앞이 캄캄해진다.

나는 남녀·부모자식 간의 뇌가 다름을 이해하고 극복하며, 서로의 뇌가 표현하는 방식의 차이를 좀 더 많이 이해할 수 있도록 돕는 책을 몇 권 출간했다. 그러나 그것으로도 극복할 수 없는 사례가 있음을 깨달았고, 그 문제의 중심에 '공감장애'가 자리한다는 결론에 다다랐다.

공감장애가 학업이나 사회생활에 지장을 초래하게 되면 발달장애라고 지칭하며 대책들을 세울 수 있다. 그러나 주위 사람들과 원만하게 지내지 못하지만 그럭저럭 평범하게 지내는 사람들은, 단지 '못난 사람' '고집이 센 사람' '머리가 나쁜 사람' '무신경한 사람'으로 여겨져 조직의 애물단지가 되고 만다. 또한 연애나 결혼생활을 오래 지속하지 못하고, 직장을 전전하는 경우도 공감장애를 가진 사람들의 특징 중 하나다.

왜냐하면 공감장애는 오해를 불러일으키기 때문이다. 공감장애를 가진 사람은 성의나 사랑, 능력이 없는 것처럼 보인다. 그런 사람으로 오해하면 공감장애를 가진 사람과 함께 지내는 건 너무나도 괴롭다. 마음의 에너지를 빼앗겨 버린다. 한편으로 공감장애를 가진 당사자도 괴롭다. 세상이 언제나 자신에게 엄격하기 때문이다. 인간관계에서 화나는 일이 많고(혹은 싫어서 참을 수 없고) 무슨 일이든 자기 뜻대로 살아가지 못한다.

공감장애에 관심을 기울이지 않는다면 요즘 이슈가 되는 사회 문제를 진정으로 해결할 수 없다. 인공지능연구의 일환으로써 감성이 다른 뇌의 상호이해를 연구하고, 남녀와 부모자식

마음이 아니라 뇌의 문제다

사이에 발생하는 뇌의 논리 등을 개진해온 필자에게 그 관계 안에 잠재하고 있는 깊은 어둠이 '공감장애'임을 해명하는 일은 중대한 사명이 되었다. 남녀의 차이, 연령의 차이, 모어(母語, 인생 최초로 획득하는 언어)의 차이를 극복해도 여전히 잔존하는 뇌의 소통 왜곡. 바로 이것이 내 연구의 라스트 보스(게임에서 맨 마지막에 등장하는 숙명의 적)다.

최근 2년 사이, 내 주변에서 공감장애가 급증했다. 감성 소통 전문가로 활동하는 나는 기업의 다양성 정책이나 남성 육아휴직 추진 정책의 일환으로 직원교육을 의뢰받는 경우가 많다. 그 현장에서 최근 '당연히 알고 있어야만 하는 것을 모른다' '말이 통하지 않는다' 등 인적 관리에 대한 질문이 부쩍 늘었다. 상사와 직원이 성별이 다른 경우에는 남녀문제(남녀차이)로 치부되는 것 같다. 또는 '유토리 교육(주입식 교육을 지양하고 창의성과 자율성을 존중하는 교육 _옮긴이 주)의 폐해'라고 정리된다. 유감스럽지만 세대마다 뇌신경회로의 특성이 모두 다 변해버릴 정도로 학교 교육의 영향력이 크다고는 생각하지 않는다. 뇌의 감성 영역은 3살 이내에 방향성이 정해지고, 8살 안에 확정되기 때문이다. 8살은 공간인지와 신체제어, 언어 개념 형성을 담당하는 소뇌가 발달하는 임계기다.

이전 어느 마케팅조사에서 '세대별 어휘력'을 조사한 적이 있다. 피실험자들에게 하나의 주제에 대해 자유롭게 이야기하도록 하고, 그때 사용되는 단어를 집계해서 세대군마다 시소러스(Thesaurus, 어휘지도)를 만들어보았다. 이 조사에서 1960년대 이전에 태어난 세대가 압도적인 어휘력을 자랑했다. 이들은 다양한 단어를 사용해 생각을 표현했다. 하지만 어릴 때 독서 대신 게임을 즐긴 세대로 이어지면서 어휘 수가 급격히 감소한다. 좋게 말하면 '공통단어'를 사용하여 알기 쉽게 생각을 표현하는 능력이 높다.

각 세대별로 피실험자들에게 단어를 적게 하면(중복된 단어는 하나만 기록한다) 1960년대 이전 세대는 전지(A1) 가득 단어 지도가 펼쳐졌다. 그런데 1960년대 출생 세대부터는 단어가 점점 줄어들어 1970~80년대 초반 출생 세대에 이르러서는 A3용지 정도면 충분할 정도로 '공통어 사용경향'이 강해졌다.

하지만 유토리 세대에 해당하는 1980년대 중반 이후 출생의 젊은이들은 무슨 이유에서인지 1960년대 이전 세대만큼 어휘 수가 많았다. 이 세대가 초등학생일 무렵, 『해리 포터』 시

마음이 아니라 뇌의 문제다

리즈가 세계를 석권하고 초등학생 독서량이 솟구쳤다고 들었다. 그들이 어린 시절에 줄곧 했던 게임도 복잡한 단어를 구사하는 롤플레잉 게임이 자리를 차지하고 있다. 어린 시절, 이렇게 풍부한 단어에 노출된 경험도 (어휘 수가 많은) 요인이 될지 모르겠다.

어휘 수가 많은 뇌는 어떤 생각을 해내는 힘이 풍부하지만, 사고에 시간이 걸리기 때문에 혼자만의 시간이 필요하다. 어휘가 심플한 뇌는 판단이 빠르고 무리를 짓는 데 능숙하다. 어휘가 심플한 1970~80년대 중반 출생인 상사 입장에서 보면 확실히 유토리 세대는 반응이 둔하고 개인주의라서 다루기 힘들지도 모른다. 그러나 유토리 세대가 진면목을 발휘하는 때는 이제부터다. '반응이 생명'인 젊은 시절을 넘어섰으니까. 분명 AI 시대에는 넘쳐나는 발상력에 날갯짓을 할 것이다.

이런 세대 간 인식의 차이는 공감장애와는 또 다르다. 내가 생각하는 것(본문에서 자세히 설명하겠다)이 공감장애의 원인으로 타당하다면 앞으로 공감장애는 더욱 늘어날 것이다. 이 책에서는 공감장애, 즉 '타인의 행동을 보고도 자신의 행동으로 옮기지 못하는' 인식의 성향을 가진 뇌에 대해서 이야기해보고자 한다.

세대 간이나 남녀 간처럼 뇌 인식의 구조 차이로 발생하는 '말이 통하지 않는 것'과 구별하기 위해 제1장에서는 뇌의 인식 구조와 일상 속 곳곳에서 나타나는 인식의 차이에 대해 설명하고, 제2장에서는 공감장애가 무엇인지 집중적으로 살펴본다. 그리고 제3장에서는 왜 지금 공감장애가 늘어나고 있는지, 어떻게 공감장애와 함께 살아가야 할지 다룬다.

공감장애를 가진 사람은 악의 없이 옆에 있는 사람을 짜증나게 만들고, 힘 빠지게 만들고, 자발성을 떨어뜨린다. '눈치가 없다' '배려가 없다' '무신경하다' '시큰둥하다'는 평가를 받는다. 한편 본인은 주위에서 인정해주지 않아 제대로 된 평가를 받지 못한다고 느낀다. 성향이 나쁘거나 머리가 나쁜 게 아니라, 뇌가 인식하는 기능 일부가 제대로 작동하지 않는 것이다. 제대로 작동하지 않는다는 것을 자각한다면 보완할 수 있다.

게으르지도 않고 오만하지도 않은데 이유도 모르고 주위 사람들에게 "일할 마음이 있어?" "내 말 듣고 있는 거야?"라는 말을 듣는다면 제발 마음을 가라앉히고 이 책을 한 번 읽어주길 바란다. 마음이 몹시 상할 정도로 쓸모없는 직원을 거느리고 있는 상사도 제발 이 책을 읽길 바란다. 내 아이에게서 그런 싹이 보인다고 느끼는 사람도 제발.

마음이 아니라 뇌의 문제다

본문에서 상세하게 설명하겠지만 사실 내가 공감장애를 가진 사람이다. "내 말 듣고 있어?"는 내가 살면서 자주 들어온 말이다. 이 책은 공감장애를 가진 내가 스스로를 경계하기 위해 쓴 처방전이기 때문에, 공감장애를 가진 사람에게 오히려 엄격하게 말하는 경향이 있을지도 모르지만, (그 점은 양해를 구한다) 그만큼 분명 도움이 될 것이다.

공감장애.
지금껏 아무도 지적하지 않았던 뇌의 상태.
외곬으로 진지한데 게으르고 오만하다고 평가받는
공감장애.
그 인생을 변화시키기 위한
한 권의 책이 되기를 간절히 바라며.

구로카와 이호코

차례

2장

공감장애란 무엇인가

공감장애와 함께 살아가다

뇌가 다르면 보이는 것이 다르다

1장에서는 이 책의 주제인 '공감장애'에 집중하기 위해 '본래 인류가 지니고 있는 예상 가능한 범위 내의 인식 차이'에 대해 다루고자 한다. 남녀차이나 지역차이, 소통 도구 차이로 생겨난 것들. '말이 통하지 않는 것'의 기원 또는 원인은 사소한 식견의 차이부터 뇌의 기능장애까지 상당히 폭넓다. 이 장을 통해 '정상'적인 것, 바꾸어 말하면 평범한 뇌에 일반적으로 나타나는 소통의 차이를 이해할 수 있기를 바란다.

'형식'을 모른다

작년에 충격적인 사실을 마주했다. 그것도 두 가지나.

바로 내가 왼손잡이라는 사실과 자폐스펙트럼(자폐증에서 아스퍼거증후군, 서번트증후군 등의 증상으로 지적장애가 수반되지 않은 자폐성 장애를 말함 _옮긴이 주)이라는 사실이다. 59년이나 살아왔는데 이제야 그 사실이 분명해졌다. 오랫동안 스스로 '평범한 사람'이라고 여기며 살아왔다. 사회와 부적합한 부분이 있다는 것은 어렴풋이 눈치채고 있었지만 '뇌의 인지경향'과 '신체 제어방식'이 근본적으로 다르다니! 이는 내가 그동안 사회와 융화되지 못하고 무언가 서툴며 눈에 거슬리는 행동이 잦았다는 뜻이다.

돌이켜보면 학생시절, 반 친구가 나에게 버럭 화를 내며 "너무해. 너랑 절교야!" 하고 말했던 적이 몇 번 있었다. 내가 뭘 잘못했느냐고 반문하면 그게 더 화가 난다며 따졌다. 그렇게 화를 내던 친구들이 대개 예쁘고 똑똑하고 인기 있었기 때문에 나는 반 친구들의 빈축을 사곤 했다.

내 입장에서는 마른하늘의 날벼락이었다. 그 친구에 대

해서 별다른 감정이 없었기 때문에(호의나 적의뿐 아니라 흥미도 없었다) 지금까지도 무엇 때문에 화를 냈는지 잘 모른다. 분명 흥미가 없다는 것 자체가 문제였을 것이다. 친구의 말을 건성으로 듣는 것처럼 보였는지도 모른다. 혹은 배려 없이 솔직한 생각을 내뱉었는지도 모른다.

애당초 고등학교 무렵까지 나는 친구 사이의 대화법을 제대로 이해하지 못하고 있었다. 예를 들어 "나 같은 건 아무것도 못하니까"라는 말을 들으면 "그렇지 않아" 하고 대답해줘야 하는데, 나는 "그래, 분명 못하지만 이렇게 하면 괜찮아" 같은 조언을 했다.

"이거~ 정말 힘들거든" 하고 말하면 "정말 고마워, 네 덕분이야"라고 화답해줘야 한다. "힘들면 그만두지 그래? 어떻게든 되겠지" 같은 발언은 금물이다.

누구에게 배우지 않아도 자연스럽게 몸으로 익히고, 으레 정해져 있는 대화의 기본을 나는 전혀 인지할 수 없었다. 나중에 다루겠지만 '전형적인 형식'을 인식하는 개념(인식프레임)을 구축하기 어려운 것이 자폐스펙트럼 뇌의 특징이다.

뇌가 다르면 보이는 것이 다르다

남자들의 마음을 이해할 수 있는 이유

학생시절에 겪은 경험 덕분에 나는 남성들의 당혹감을 이해한다. 연인의 푸념이나 걱정을 진지하게 듣고 효과적인 조언을 제시했는데, 되돌아오는 건 너무하다는 타박과 갑작스러운 화다. 남자는 자신이 뭘 잘못했는지 전혀 알지 못한다. 너무나도 갑작스런 상황에 깜짝 놀라, 자기가 방금 무슨 말을 했는지조차 떠올리지 못한다. 화내는 이유를 물으면 여자는 "무엇 때문에 화가 났는지 몰라? 그게 가장 화가 나!"라면서 더 크게 화를 낸다. 도깨비에 홀린 것처럼, 나쁜 마법에 걸린 것처럼, 에어 포켓(비행기의 고도가 급격히 떨어지는 저기압 지역 _옮긴이 주)에 빠져버린 것처럼 그 순간은, 어쨌든 당혹스럽다.

나는 이것을 몸소 체험해 잘 알고 있다.

말이나 상황을 인식하는 방식이 다른 뇌가 함께 살아간다는 것은 상당히 성가신 일이다. 한쪽에서는 '당연히 대답할 것'이라고 여기는 대답을 다른 한쪽은 가지고 있지 않다. 그뿐 아니라 '해서는 안 되는' 말을 솔직하게 해버린다.

뇌가 다르면 받아들이는 기준이 다르기 때문에, 당연하다고 생각하는 기본적인 내용이 정반대로 해석되기도 한다. 예를 들어 '신속한 문제해결과 결론'을 중요하게 생각하는 뇌는, '신속한 문제해결'을 하고자 상대방이 이야기하는 도중에 말을 가로막기도 한다. 신속함이야말로 성의(誠意)라고 여기기 때문이다.

그렇지만 '사소한 이해와 공감'을 중요하게 생각하는 뇌의 입장에서는 신속함이 잔혹하다. '당신에게 일어난 일이나 당신 생각 따위는 중요하지 않다'고 말하는 것 같기 때문이다. 상처 받고 화가 나고 눈물이 흐른다.

이러한 이유로 두 사람 사이에 절망의 장벽이 가로지르게 된다. 사회 속에서의 남녀 장벽 대부분이 여기서 비롯된다. 남녀 간은 물론이며, 모든 사람의 뇌는 다르다. 이것을 인지하는 것만으로도 사회에서 일어나는 많은 고민거리는 틀림없이 사라질 것이다.

남녀의 생각 차이는 너무나도 고전적이고 전형적이기 때문에 많은 사람이 어렴풋이 알아차리고 있다. 문제는 나 같은 경우다. 같은 여성이지만 뇌 형태의 일부분이 결정적으로 다르다. 일부분이라서 어떤 상황에 부합되지 않을 때 충격이 더 크게 다가오는 건 아닐까. 많은 사람이 사고방식의

90%가 같으면 으레 결론도 같을 것이라고 기대하기 때문에 10%의 차이에도 뒤통수를 맞았다고 여기게 된다.

'형식'을 알다

'형식'을 인지하지 못했던 내가 대화에 형식(대화법)이 있다는 사실을 알게 된 것은 대학 때였다. 나가노(長野)현에서 태어나 도치기(栃木)현에서 자라난 나는 18살에 나라(奈良)여자대학교에 입학했다. 관동지역과는 소통방법이 전혀 다른 관서문화권이었다. 더구나 기숙사에는 관동이서(関東以西, 관동지역의 서쪽에 위치한 지역 _옮긴이 주) 지방의 각 현에서 입학한 학생들이 모여 서로 어깨를 맞대고 살고 있었나. 각각 가지고 있는 '대화의 기본'이 너무나도 달랐다. 동급생들이 서로 지적하면서 대화로 조정한 덕분에, 나는 '대화의 정석'을 배울 수 있었다.

어느 날 호쿠리쿠(北陸) 출신 친구가 나에게 너무 냉정하다고 충고했다. 내가 과자를 한 번밖에 권하지 않기 때문이란다. 기숙사 학생들은 고향에서 보내온 과자로 자주 다과회를 연다. 나는 내 과자를 친구들에게 권할 때 한 번씩만 권했다. 자리에서 손에 쥐어주지 못했을 때에는 그대로 테이블 위에 올려놓고 자유롭게 먹으라는 의도였다.

친구가 권해준 과자를 내가 손에 들지 않을 때는 지금

뇌가 다르면 보이는 것이 다르다

은 먹고 싶지 않다는 마음이었기에 거듭 권하지 않길 바랐고, 테이블에 놓인 과자는 언제든지 "이거 먹어도 되지?" 하고 편히 말할 수 있기 때문에, 친구들도 당연히 그런 마음일 거라고 생각했다. 그러나 그녀는 '세 번 권유받아 반강제적으로 손에 드는 것'이 고향 풍습이라고 말했다. 그래서 내 과자는 늘 먹을 수 없었단다.

그리고 나서 관찰해보니 과자를 권하는 방법이나 손에 드는 방법이 지역마다 상당히 달랐다. 나는 세 번이나 권하면 억지로 먹게 될 수도 있을 테니 그렇게 권하지 않고, 각자에게 나누어 주기로 했다. 먹고 싶지 않은 사람은 가지고 돌아가면 될 테니 그다음에는 어떻게 하든지 상관하지 않았다.

'과자 사건'이 있은 후, 나는 주위 사람들이 어떤 형태로 소통의 개념을 갖는지 관찰하는 버릇이 생겼다. 이때 "나 같은 건 아무것도 못하니까" 하는 말에 "그렇지 않아"라고 대답하는 형식이 있다는 것도 알게 되었다.

오사카의 익살

어느 날 내가 진심으로 "나 같은 건 아무것도 못하니까" 라고 말했을 때, 오사카 출신이었던 기숙사 친구가 히죽 웃으며 이렇게 말했다. "그렇게 말하면, 그렇지 않아 참 좋아라고 말할 수밖에 없잖아. 유도질문이야?"

지적이고 멋진 친구였다. 직설적이지만 세련되고 근사한 그녀의 대답을 통해 알아차렸다. "나 같은 건"이라고 말했다면 "그렇지 않아"라고 대답해야 하는구나! 깜짝 놀랐다. 나는 지금까지 상대방이 기대하는 대답을 해준 적이 없었다. 형식에 맞지 않은 대답을 듣고 상대방이 서운해한 것은 당연한 일이었는지도 모르겠다.

더 충격적이었던 것은 내가 이런 위로의 말을 내심 기대했다는 사실이다. 너무나 자신감이 떨어져서 위로받고 싶었던 것이다. 나는 그녀의 말에 정신이 번쩍 들었다. "그렇지 않아"라는 말을 기대한다는 게 드러난다면 이 얼마나 지질한가!

또한 오사카지방 여성들은 이런 표현을 그다지 쓰지 않

뇌가 다르면 보이는 것이 다르다

는다는 사실도 알았다. 오사카 여자는 겸양 떠는 말을 좋아하지 않는다. 왜냐하면 그녀들은 엄청나게 칭찬한 다음, 약간의 심술을 부리기 때문이다.

"그 스웨터 좋은데!" "푹신푹신해. 캐시미어라서." "너무 푹신해서 눈사람인 줄 알았어"처럼. 심술궂은 말을 건네기 위해서는 앞서 먼저 칭찬이 나와야 한다. 그런데 여기서 "아니, 이거 정말 싼 거야" 하고 대답하면 심술을 부릴 수 없다.

오사카 여자들의 소통 매너는 칭찬을 받으면 신바람이 난다는 데 있다. 심술궂은 말을 듣고도 "뭐야, 그게" 하고 재치 있게 끝맺는다. 전통적인 만담처럼 즐거운 대화를 오사카 여자들은 어렵지 않게 하곤 한다.

교토의 립서비스

교토지방 여성들은 한나리한 말을 한다. '한나리'(はんなり)란 부드럽고 화려한 느낌을 표현한 교토 방언이다. 교토 여자를 표현하는 데 있어 이 형용사만큼 어울리는 건 없다. 부드럽고 화사한 표정과 말투로 붙임성 좋게 대화하기 때문이다.

오사카 여자와 교토 여자는 같은 관서지방이지만 대화 매너가 전혀 다르다. 하루는 교토 출신 친구와 오사카 출신 친구가 언쟁을 벌이다가, 내게 자초지종을 들어보라며 말을 걸었다.

전말은 이러했다. 전날 오사카 친구가 개인적인 용무가 있어서 기숙사로 돌아오는 길에 교토에 들렀다. 귀가하는 교토 친구와 같은 기차를 타고서. 그러자 교토 친구가 "남자친구가 차로 마중 나오니까 데려다줄게"라고 권했단다. 오사카 친구가 처음에는 너무 미안하다며 거절했다가 한 번 더 권하기에 응했던 것이다. 그것이 잘못이었다.

교토 친구는 진심으로 남자친구 차로 태워줄 생각은 없었다고 한다. 그렇게 해주고 싶다는 마음을 전하고, 전해들

뇌가 다르면 보이는 것이 다르다

은 상대는 마음만 받는 것이 교토의 소통매너다(몇 번을 권해도 거절한다). 이것은 마음을 주고받는 대화다. 하나 더, 교토 친구에게는 '개찰구에 남자친구가 있으니까 빨리 헤어지자(둘이서만 있게 해줘)'라는 의도도 있었던 것 같다.

흔히 말하는 '교토 부부즈케'(ぶぶづけ)이다. 교토 사람이 '부부즈케'(오차즈케お茶漬け, 녹차 우린 물에 밥을 말아먹는 일본음식 _옮긴이 주)라도 먹고 가라는 권유를 받아 승낙한다 해도 실제로는 아무것도 대접받지 못한다. 이런 표현은 립서비스이기 때문에 응해서는 안 된다. 처음부터 '슬슬 돌아가길 바란다'고 신호를 주는 표현이란다.

교토 사람의 '부부즈케라도'라는 표현을 말뿐이라고 평가하는 경향도 있지만, 실제로 교토 사람과 지내다 보니 이런 평가는 억울한 면이 있다. 진짜 모습은 조금 다르다. '가능하다면 그렇게 해주고 싶다'는 마음, 이것은 진심이다. '남자친구의 차로 데려다주겠다'고 권했던 그녀도 '차를 태워주고 싶은 마음은 굴뚝같지만 마음만 받아줘'라는 생각으로 틀에 박힌 말을 건넨 것이다. 마음은 분명하게 전했다. 교토 사람은 결코 냉정하지 않다. 그 친구도 매우 다정한 사람이었다.

"데이트를 방해하다니, 어떻게 된 거야" 하고 다음날 교토 친구는 부드럽게 충고했다. 이에 오사카 친구는 "그럼 왜 두 번이나 권한 거야?" 하고 익살맞게 물었다. 그러고는 나에게 "너는 관동사람이고 제삼자니까 어느 쪽이 맞는지 판단해줘" 하고 판정을 맡긴 것이다.

나는 깜짝 놀라 "나였다면 거절하지 않고 단박에 이야~ 살았다~ 하고 따라갔을 걸? 너희 이야기를 들어두길 잘했네" 하고 말했더니, 교토 친구는 "너는 조심 좀 해!" 하며 어처구니 없어했고, 오사카 친구도 웃어댔다.

이렇게 다양한 사람들 속에서 지낸 덕분에, 또한 지적인 친구들이 서로의 위화감을 확실한 말로써 해결하고 있었기 때문에, 사회에서는 대화의 '정석'이 있다는 것을 파악할 수 있었다. 태어나 자란 고장에서 그대로 어른이 되었더라면 분명 내 고향 이외의 지역에서는 '눈치 없는 사람'으로 여겨졌을 것이다.

뇌가 다르면 보이는 것이 다르다

새침한 도쿄 토박이

나에게는 관동사람의 대화 '형식'이 없다. 자폐스펙트럼이 없는 진짜 관동사람이라면 어떻게 대화할까?

관서지방과 마찬가지로 관동지방도 일반화하여 생각할 수는 없다. 하지만 도쿄 토박이라면 '혼자 가는 게 마음이 편하니까 거절한다'고 말하는 사람이 많을지도 모르겠다. 관서지방 사람은 오사카든 교토든 상대방의 영역을 파고드는 소통 스타일을 갖는다. 오사카는 익살로, 교토는 립서비스로 말이다. 그러나 도쿄 토박이는 상대방 영역을 가능한 침범하지 않으며 살아간다.

취직해서 처음 도쿄에 왔을 때 가장 놀란 것은 '이렇게 사람이 많은데도, 모두 빠르게 걷고 있음에도 남들과 부딪히지 않는다'는 사실이었다. 사람들이 아주 능숙하게 비스듬히 몸을 비켜선다. 이런 풍경은 유럽과 미국 공항에서도 경험한 적이 있다. 다양한 문화가 교류하는 장소에서 나타나는 현상인지도 모른다.

결혼해서 도쿄에 왔던 30년 전, 시타마치(下町) 부근에서는 바로 이런 방식으로 사람들이 지내고 있었다. 도쿄 토박이들은 우산 같은 걸 쓰지 않은 경우에도 좁은 통로에서 스쳐지나갈 때, 몸을 비스듬히 획 돌려 상대방이 심리적으로 자기 영역이라 느끼는 곳에서 어깨를 침범하지 않도록 주의한다. 골목을 지나갈 때, 멀찍이 앞에서 오던 상대가 비스듬하게 오기에 처음에는 나를 꺼리는 건가 싶을 정도였다. '비스듬히 몸을 비켜선다'는 이런 감각이 도쿄 토박이의 소통 감각을 만들고 있는 것 같다.

대단하다는 칭찬을 받아도 별거 아니라며 대수롭지 않게 여긴다. 상대방에게 불만을 이야기할 때도 "조금 비켜주겠니? 나란히 걸어가면 아무래도 불편하잖아"라는 식으로 시원시원한 화법을 구사한다. 이들은 정면으로 부딪히지 않고 비스듬히 비켜선다. 가볍고 막힘이 없다. 이것이 도쿄 토박이다.

이들 입장에서 머뭇머뭇하는 것은 촌스럽다. 일단 칭찬의 말을 깎아내리는 것도 번거롭다. 다른 지방에서 보면 차갑다고 느낄지도 모른다.

뇌가 다르면 보이는 것이 다르다

SNS라는 공통어

　인터넷으로 소통하는 일이 그다지 없었던 시절, 지방에서 올라온 이들은 '도쿄 사람은 차갑다'는 말을 자주 하곤 했다. 드라마 속 등장인물의 '도쿄에는 지지 않는다'라는 대사에 당시 초등학생이었던 아들은 "뭐라는 거야. 멋대로 싸우지 마!" 하고 중얼거리곤 했다. 도쿄에서 자라고 도쿄에서 생활하는 아들 녀석에게는 도쿄가 고향이다.

　최근에는 이런 대사를 들을 수 없다. 도심 속 지방 출신은 그다지 고독해보이지 않는다. 인터넷으로 모두 연결되어 있는 시대이기 때문일까. 드라마에서도 '도심 길모퉁이에서 고독을 씹는 지방 출신의 젊은이'라는 설정은 거의 등장하지 않는다.

　인터넷은 전 세계 사람들을 연결한다. SNS마다 소통의 기준은 있어도 지역 차이는 별로 느껴지지 않는다. 나는 이탈리아의 천재 라이더 발렌티노 롯시(Valentino Rossi, 모터사이클 선수 _옮긴이 주)의 열렬한 팬이라 모터사이클 경주에 관련한 인스타그램을 팔로우하고 있는데, 상대방이 어디 사람인지 따위는 전혀 문제가 되지 않는다. 롯시의 웃는 얼굴이나 뛰어난 라이딩에 모두 '좋아요!'를 주고받으면서 행복하다는 기본자세가 같기 때문이다. 인스타그램 소통의 기준(영상, 짧은 글, 해시태그로 자기를 표현하고 공감해주는 사람과 연결된다. 마음을 울리는 글과 영상에는 '좋아요!'로 응원을 보낸다)은 국가를 초월하고 언어를 초월한다.

이런 SNS 소통 기준이 타인과의 연결 방법의 규범이 되어 가고 있는지도 모른다.

뇌가 다르면 보이는 것이 다르다

트위터라서 악플이?

　최근 몇 년 젊은 여성들의 트위터에 악플이 쇄도했다고 한다. 지인 중 하나는 최근 직접 만든 햄버거 사진을 올렸는데, "이렇게 맛없어 보이는 햄버거를 먹는 남편이 불쌍하다"며 면식도 없는 사람이 글을 남겨 사소한 소동이 벌어졌단다. 인스타그램에서 같은 내용의 글을 보았던 내가 "인스타그램은 대다수가 호의적이었는데" 하고 말했더니 "트위터는 그런 매체니까요"라며 같이 있던 젊은이들이 인정하듯 서로 고개를 끄덕였다. 예전에 지방에서 올라온 젊은이들이 '도쿄는 그런 곳'이라며 서로 고개를 끄덕였던 것처럼 말이다.

　인스타그램은 사진이나 영상이 주된 기반이라 롯시의 웃는 얼굴 영상에 '좋아요!'를 보내는 것 말고는 뭔가 덧붙일 게 없지만, 트위터의 "롯시 대단하다"라는 말에는 "그런데 최근에는 좀"이라거나 "정말로 알고 말하는 거야?"라는 식으로 한마디 쓰고 싶어지는 뭔가가 있다.

　이미지는 '대상의 상황'이지만, 말은 '글을 쓴 사람의 견해'이기 때문일 것이다. 인스타그램의 '좋아요!'는 롯시의 웃는 얼굴이나 순간을 포착한 올린 이의 수완에 대해서 보내는 것이지만, 트위터의 코멘트는 올린 이의 의견에 대해 보내기 때문 아닐까.

페이스북에서 전하고 싶은 것은 '자신이라는 인물' 즉 하나의 '브랜드'다. 나는 내가 누구인지 잘 몰라서 페이스북은 포기했다. 무엇을 올려도 현실의 나와는 괴리가 느껴져 괴로웠기 때문이다. '지금 마음을 울리는 풍경'을 찍고 '머리에 떠오른 말'을 첨부해 인스타그램에 포개듯 겹쳐 올리는 쪽이 좀 더 나다운 느낌이다. 친구들의 인스타그램도 그런 느낌이다. 일상 풍경에서 오려낸 한 컷은 그들의 다정함이나 총명함, 뛰어난 센스를 단적으로 보여준다.

나는 말의 감성을 연구하지만, 이럴 때 '말'이라는 존재가 지닌 태생적 한계를 생각한다. 말을 하면 할수록 진실된 마음과 동떨어지는 상황이 종종 나타난다. 말이 주체인 정보매체는 언제나 이러한 딜레마를 안고 있다.

책도 그럴 것이다. 여기 내가 쓴 문장에 그건 아니라고 말하고 싶은 독자가 분명 있을 것이다. 책을 쓰면서 그 괴리감과 괴로움을 잊지 않으려 한다. 트위터를 아끼는 사람은 틀림없이 내가 손 들어준 인스타그램이 껄끄럽다고 생각할 것이다. 남녀의 뇌가 다르다는 내용에 대해 논하면 다르지 않다고 믿는 사람 쪽이, 저녁에 일찍 잠들기를 추천하면 늦게 잠드는 사람 쪽이 거북해진다.

　모든 책에는 글쓴이의 세계관이 담기게 마련이다. 따라서 나와 세계관이 다른 사람이 내 글을 읽는다면 틀린 생각이라고 말할지 모른다. 어쩌면 당연한 현상이다.

　나의 뇌와 여러분의 뇌는 다르니까.

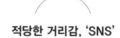

적당한 거리감, 'SNS'

바야흐로 소통의 기준을 만들고 있는 것은 SNS다. 전 세계인이 같은 SNS 상에서 같은 매너를 지킨다. 각각의 SNS 정보 기준에 따라 사진을 올려 응원을 보내거나 의견을 나누거나 되받아치거나 한다. 당연히 호쿠리쿠 여성도 교토 여성도 오사카 여성도 같은 매너로 활동할 것이다.

대학교에 입학하기 전에, 합격자 동기(미래의 과 친구끼리)가 인터넷에서 먼저 만나는 세대다. 대학교 동아리 SNS를 들여다보고 주고받는 대화를 확인하고 난 다음, 동아리 문을 두드린다. 모교의 기숙사도 4인실에서 1인실이 된 지 오래다. 지금은 다과회를 비롯해 지방마다 소통의 차이에 놀라는 일은 분명 없을 것이다.

그렇다면 도쿄 사람은 이제 더 이상 새침데기라 차갑다는 말을 듣지 못하게 될까. 호쿠리쿠 여자는 이제 더 이상 세 번씩 사양하는 일이 없을까. 교토 여자와 오사카 여자는 이제 더 이상 다투지 않을까.

뇌가 다르면 보이는 것이 다르다

소통하는 데 다름이나 오해는 확실히 없는 편이 평화로울지 모르겠지만, 교토 여자의 고귀한 느낌이 사라지는 것은 왠지 재미없다. 어떤 이야기에도 익살이 없다면 직성이 풀리지 않는 오사카 여자도 정말 매력적이었는데. 누구나 거리낌 없이 자기를 표현하고 '좋아요' 하고 서로 수긍하고 적당한 거리감으로 살아가는… 그래서 뭐랄까 세상이 재미없어진 것 같은 기분이다. 이런 느낌은 향수일까?

아니, 사실 이것은 심각한 문제를 안고 있다.

타인의 감각이 나와 같을 거라는 착각

사람들의 소통이 똑같은 양상을 띠게 되면 다음과 같은 사실을 쉽사리 깨닫지 못한다.

사람은 모두 똑같은 정서를 갖는다고는 할 수 없다.
정서가 다르면 정답도 다르다. 대다수의 사람이 고른 정답이 어떤 사람에게는 오답일 수 있다.

대학시절 학우들의 다양성에 시달리면서 이 사실을 깨닫게 된 것은 다행이었다. 소통의 매너가 다르다는 것뿐만이 아니다. 그 당시 오사카 구두판매점에는 도쿄에서 결코 볼 수 없는 노란색이나 핑크, 연두색처럼 산뜻한 색감의 구두가 진열되어 있었다. 레오파드 무늬가 유행하지 않아도 레오파드 패션 아이템을 찾을 수 있다. 멋 내는 센스가 전혀 다른 것이다.

이는 내게 문화 충격으로 다가왔다. 땅이 다르면 정서가 다르다. 정서가 다르면 정답도 다르다. 다르니까 주의한다. 다르니까 화내기 전에 일단 생각한다. 다르니까 즐겁다. 다

뇌가 다르면 보이는 것이 다르다

르니까 '나 자신'이 보이기 시작한다.

　그러나 '언뜻 보기에 소통 매너가 다르지 않다'고 생각하는 세계에 살다 보면, 모르는 사이 모두가 똑같이 느낀다고 여기게 된다. 그래서 엉뚱한 일로 드러난 대수롭지 않은 차이에 충격을 받는다. 사소한 일로 과잉반응을 일으키는 인터넷 소통은, 현실 속에서 실제로 존재하는 내 편이 없기 때문에 일어나는 것이 아닐까.

　아직 외국에 가거나 외국인과 만나거나 하면 문화 충격을 받곤 한다. 반면 그 덕분에 견문을 넓힐 수 있다. 그러나 AI가 자동으로 통역해주고 똑같은 전자도구를 사용하게 되면 언젠가 전 세계가 같은 양상의 소통 매너로 뒤덮일 것이다. 하지만 그 속에서 개개인의 뇌가 같은 상황에서 다른 것을 보고 다른 의미로 같은 표현을 사용한다면? 어느 날, 서로 잘 알고 있다고 믿었던 상대방이 전혀 다른 성격을 가진 사람이었다는 것을 알았다면 어떻게 될까? 너무 무섭지 않나. 어쩌면 남녀 사이에서 이미 흔한 일이지만.

뇌는 세상 모든 것을 보지 않는다

'뇌가 인식하는 경향'이 다르면 사물을 바라보는 시각도 달라진다. 애초에 뇌는 세상의 모든 것을 인지할 수가 없다. 눈앞에 서 있는 사람이 입은 옷의 단추를 꿰맨 실 색깔까지 신경 쓰인다면 '필요한 것을 필요한 때에 즉시 인지하기'란 어림없다. 버스나 지하철에서 내려야 하는 역을 놓치고 말 것이다.

그래서 뇌는 천성적인 자질과 경험에 따라 '순간적으로 인지하는 것'을 선택한다. 나는 순간적으로 사용하는 '인지의 짜임새'(감지하는 요소의 조합)를 인식프레임이라고 부른다. 누구나 가지고 있는 인식프레임을 때와 장소에 맞춰 적절하게 사용한다.

인식프레임은 잠재의식과 표면의식으로 구분할 수 있다. 예를 들어 어떤 여성이 '연인 후보'를 구분할 때 표면의식의 인식프레임에서는 '학력, 수입, 키'를 신경 쓰고, 잠재의식의 인식프레임에서는 '눈썹 모양, 다정한 목소리'에 반응한다. 또 다른 여성은 표면의식에서 '영리하고 유머가 있는' 사람을 찾고, 잠재의식에서는 '가슴이 넓고 웃는 얼굴이 멋진

뇌가 다르면 보이는 것이 다르다

사람'에 반응한다. 두 사람 사이에 "저 사람, 괜찮지 않아?"라는 말은 통하지 않는다.

우리 뇌 속에는 방대한 수의 인식프레임이 들어 있어서 상황이 같다고 같은 인식프레임을 사용한다고는 말할 수 없다. 처음부터 '같은 상황'이라고 분류하는 방법이, 표면의식에서 생각하는 것과 잠재의식의 즉각적인 판단이 부적합할 수도 있고, 호르몬 균형에 따라서 흐트러지기도 한다. 가끔 잠재의식과 표면의식이 경합과 간섭을 일으켜 자기모순에 빠지는 경우도 있다. '어째서 이 사람에게 반해버린 것일까'라는 식으로 말이다. 뇌과학 입장에서 보면 이것이야말로 유전자 수준의 깊은 인식프레임이 작용한 형태로, 그 사람과는 생식(生殖) 궁합이 뛰어날 것이다.

그렇더라도 무수한 인식프레임을 변덕스럽게 사용하지는 않는다. 과거에 반했던 이성을 머릿속에서 비교해보자. 어떤 공통점이 있을 것이다. 이런 이야기를 했더니 "아! 있어요! 모두, 가마 위치가 같았어요"라고 했던 여성이 있다. "멋진 게 같았군요" 하며 진지하게 감동하는 여성 옆에서 나는 과거 연인들의 가마 위치를 떠올릴 수 없었다. 내게 가마는 남성을 인식하는 인식프레임에 포함되지 않았다. 한편 그녀에게 가마는 결코 빠질 수 없는 인식요소, 더욱이 잠재의식의 인식프레임인 것이다.

여자는 남자의 유전자에 반한다

가만히 생각해보면 가마는 모발의 형태를 상징하는 특이점이다. 엄마 배 속 신체형성시기의 특성 중 하나를 드러내는, 유전자 정보의 표출점이라고도 할 수 있다. 그녀는 이성의 유전자 모양을 가마에서 읽고 있는 것이 틀림없다.

그런 의미에서 몸의 맨 끝에서 움직이는 손가락도 뇌의 선천적인 특성을 표출하는 부위다. 왼손잡이·오른손잡이·약지외선형(물건을 잡을 때 약지를 새끼손가락 쪽으로 돌리는 타입)·약지내선형(약지를 중지 쪽으로 돌리는 타입)·검지외선형(검지를 엄지 쪽으로 돌리는 타입)·검지내선형(검지를 중지 쪽에 돌리는 타입) 등 손가락에는 선천적으로 지니고 있는 뇌와 신체 특성이 나타난다. 그런 의미에서 남성의 손가락에 주목하는 여성이 많은 것이 납득된다.

인식프레임의 적정치도 사람에 따라 크게 다르다. 손가락 모양과 움직임에 주목하는 인식요소가 같다 해도 호불호가 다양하게 나뉜다. 마디지고 거친 손을 좋아하는 사람이 있다면, 매끈하고 고운 손가락이 좋아 어쩔 줄 모르는

뇌가 다르면 보이는 것이 다르다

사람도 있다. 손바닥은 두툼하지만 손가락 관절이 도드라지지 않고 매끈하게 보이는 큰 손을 좋아하는 경우도 있다. 좋아하는 손에 대해 물으면 의외로 천차만별이다.

이렇듯 '유전자의 이상형' 인식프레임에 대해 이야기하면 여성들의 취향은 각양각색이다. 인식프레임이 다르면 취향의 적정치도 크게 다르다. 남성이 상상하는 것처럼 '인기의 정답'은 따로 없다. 99명의 여성이 나를 좋아하지 않아도 단 한 명의 여성이 나만 열렬하게 사랑하는 사례도 있고, 이런 경우 남녀의 선택만족도는 굉장히 높다. 100명이 그럭저럭 좋아해주는 것보다 훨씬 더 행복할 테다. 인기가 없다고 생각하는 남성이야말로 기회가 있다. 굴하지 말고 '100명 중 1명'과 운명적으로 만나길 바란다.

남자의 매력을 꿰뚫어보는 인식프레임

한편 감미롭게 울리는 목소리, 넓은 가슴팍, 큰 키 등 많은 여성이 공통으로 가지고 있는 인식요소와 속성치가 있다. 이것은 사춘기 시절 생활환경이 좋았음을 전해주는 정보라고 할 수 있다. 남성 호르몬의 분비량이 증가하는 10대 중반에는 성대가 굵어지고 변성기가 오고 생식기관이 성숙한다. 같은 무렵 키의 성장이 가장 왕성한 시기에 들어선다.

굵고 감미로운 목소리나 가슴이 넓고 키가 큰, 남자답다는 골격은 사춘기에 비교적 영양상태가 좋고 수면 질이 좋고 남성 호르몬 분비가 순조로웠다는 사실을 드러낸다. 단적으로 말하면 높은 생식능력과 명석한 두뇌를 가리킨다. 이 나이 때 생식기능과 뇌의 진화가 두드러지기 때문이다.

체격에는 유전의 원인도 있기 때문에 체격이 좋지 않은 사람 중에도 생식능력이 높고 머리가 좋은 사람도 있다. 머리가 좋고 날렵하며 힘이 있고 한층 더 눈에 띄는 활약을 하기도 한다. 그런 남성을 좋아하는 성향의 여성도 있다.

뇌가 다르면 보이는 것이 다르다

미남미녀의 재난

그래도 젊은 날의 브래드 피트 같은 외모는 모든 여성이 넋 놓고 바라보지 않을 수 없다. '남자로서 훌륭하다'는 증명서가 걸어 다니는 것 같으니까. (그런데) 사랑의 인식프레임은 여성들의 공통된 기준과 여성 각자가 갖는 특유의 유전자로 인해 생겨난다. 최후 승자는 후자다.

여성이 공통으로 사용하는 정석프레임에 딱 맞는 훈남은 생각보다 애정운을 타고났는지도 모른다. 유전자 궁합이 나쁜 여성도 쓸데없이 몰려오니까 말이다. 멋진 외모 때문에 유전자 궁합이 나빠도 여성은 그것을 알아차리지 못한다. 잘 만나다가도 '내가 찾는 사람은 당신이 아니었다'며 떠나간다. 뛰어난 외모만큼 기대도 컸기에 이에 따른 실망도 크다. 때문에 '의외로 시시한 사람'이라는 말을 듣기도 한다. 정말 억울하다. 그러니 평범한 용모에 유전자 궁합이 좋은 상대만 알아볼 수 있는 게 진짜 애정운(행복)이다. 그런 의미에서 미남미녀는 정말로 가여운 존재인지도 모른다.

이와 관련하여 남성은 에스트로겐(배란을 유발하는 여성

호르몬)의 분비가 좋은 여성의 외모에 반응한다. 에스트로 겐은 임신을 전제로 분비되는 호르몬이기 때문에 분비에 따라 신체는 다가올 임신을 준비해 수분이나 지방분을 저 장하려고 한다. 그로 인해 풍만한 가슴과 엉덩이가 형성된 다. 아이를 품어야 하는 공간이므로 배에는 지방이 쌓인다.

결국 굴곡 있는 몸은 임신에 적당하다는 것을 나타내는 정보다. 여성들이 기를 쓰고 그런 외모를 목표로 하는 이유 도, 남성들이 그런 외모에 끌리는 이유도 뇌의 잠재의식 속 인식프레임이 하는 일이다.

뇌가 다르면 보이는 것이 다르다

체취도 중요하다

인식프레임의 인식요소는 시각만이 아니다. 후각이나 청각, 촉각이나 미각도 모두 포함된다. 예를 들면 이성의 인식프레임에서는 냄새가 중요한 아이템이다. 생물의 체취에 포함되어 있는 페로몬이라 불리는 냄새 물질은, 냄새 종류가 면역항체 유전자 형태로 연동한다고 한다. 면역이란 몸의 외부 자극에 대한 반응 기준으로, 결국 생물은 체취를 통해 '살아 있는 몸으로서 강인함의 종류'를 전달한다. 개체마다 강인함의 종류가 다르다. 따라서 바라는 강인함도 다르다. 자신에게 없는 강인함에 끌리는 것이다.

더위에 강한 개체는 추위에 강한 유전자를 원한다. 바이러스에 약한 개체는 강한 유전자를 원한다. 수면의 질이 나쁜 개체는 수면의 질이 좋은 유전자를 원한다. 가급적 풍부한 유전자 조합을 자손에게 전해주기 위함이다. 서로에게 반했다는 이들이 각자가 쾌적하다고 느끼는 에어컨의 온도는 일치하지 않는다. 냄새만이 아니라 눈에 비치는 모습이나 피부의 촉감, 태도 등 모든 오감 정보가 인식프레임을 구성하기 때문이다.

물론 이성을 꿰뚫어보는 것만이 아니다. 사람은 온갖 것을 인식프레임으로 인식한다. 예를 들면 대부분 사람의 뇌 속에 있는 '역(驛)'의 인식프레임에는 개찰구, 발매기, 플랫폼, 표지판, 안내방송이 있을 것이다. 이것만 준비되어 있다면 난생처음 방문하는 역에 간다 해도 목적지에 맞는 열차에 탈 수 있다. 언어도 음식도 다른 외국에서도 마찬가지다.

뇌가 다르면 보이는 것이 다르다

칵테일파티 효과

혼잡한 역 안에서 다양한 안내방송을 멍하니 흘려듣고 있다가도 '목적지 역의 이름이나 열차명'이 흘러나오면 깜짝 놀라며 알아듣는다. 이는 인지학(認知學)에서 칵테일파티 효과라고 부르는 뇌의 청각영역에 관한 활동이다. 칵테일파티처럼 와자지껄한 소리의 파도 속에서 전체 음량보다 훨씬 작은 음량으로 이름을 불러도 당사자는 바로 알아차린다.

칵테일파티나 역 안의 혼잡함 속에서는 수많은 말들이 귀를 스쳐 지나간다. 주위 사람들의 다양한 대화나 다른 노선의 방송을 모두 표면의식에 전달한다면 혼란스러워지기 때문에 뇌는 그런 일은 하지 않는다. 주변의 말을 하나하나 음성으로 인식하지 않고 와글와글한 소음으로 정리해버린다. 그럼으로써 '자신의 이름' '자신이 탈 열차명' 등 자신의 인식프레임에 속하는 소리에만 반응해서 표면의식에 전해준다.

시각에도 칵테일파티 효과는 있다. 수십 명의 아이들로 둘러싸여 있는 운동회에서 단번에 내 아이를 알아볼 수 있다. 약속장소인 교차로의 수많은 인파 속에서 연인을 한눈에 발견할 수 있다. 고양이를 좋아하는 사람이라면 스치듯 지나가더라도 고양이 용품을 발견해낸다.

바다를 바라봐도 산을 바라봐도 사람마다 감동 포인트가 다르다. 인식프레임이 발동하지 않으면 눈앞에 있는 것은 그저 배경에 불과하다. '하늘과 산의 경계선조차도 아름답다' '새로 돋아난 잎의 녹음이 맑다'는 등의 느낌이 비로소 풍경이 되어 생각과 겹쳐져 정경(情景)이 되는 것이다.

뇌가 다르면 보이는 것이 다르다

뇌가 만드는 세계

　인식프레임이야말로 '세상'이나 '사회'를 포착하고 '세계' 를 만든다. 눈앞에 펼쳐진 광경에는 세상 온갖 것들이 밀집 해 있다. 귀에 들려오는 정보에도 코에 들어오는 정보에도. 그중에서 사람은 스스로의 인식프레임에 적합한 무언가를 골라내고, 몇 개의 인식아이템을 조합하여 '세상'을 만들어 낸다.

　같은 장면 속에 있어도 '세상'은 누구에게도 똑같지 않 다. 부정적인 프레임만을 사용하는 사람에게는 '세상이 피 곤한 것 천지'이고, 긍정적인 프레임만을 사용하는 사람에 게는 '오늘도 좋은 일이 있을 것 같다'는 기운으로 가득하 다. 당연한 말이지만 부정적인 프레임은 쓸데없이 만들지 않는 게 좋다.

인생의 '귀한 손님'

'세상'은 '내가 주위 사람들에게 어떻게 보이는가'로 만들어지는 것이 아니다. '내가 주위 사람들을 어떻게 보고 있는가'로 만들어진다. 사회가 혹독하다고 느낀다면 내가 세계를 보는 눈이 예민한 탓이다. 그 사실을 깨닫고 나면 그때부터 세상은 다르게 보인다.

인생을 뮤지컬 무대라고 생각하면 어떨까. 단지 당신은 주인공이 아니다. 아주 귀한 손님이다. VIP 의자에 앉아서 무대를 여유롭게 바라보는 쪽이다. 누군가 가시 돋친 말을 내뱉어도 '뮤지컬의 한 장면'이라 생각해보자. 인식프레임이 '궁지에 내몰리다'는 계열에서 '이 또한 드라마'라는 계열로 바뀐다. 실패해 벼랑 끝에 몰려도 '게임 속 한 장면'이라고 생각하면 된다. 반격하기 위해 내닫기 시작하는 것도 게임의 묘미다.

자신이 인생의 주인공이라고 생각하니까 사회에 침몰당하는 것이다. 물론 인생은 당신을 위해 준비된 무대. 단지 귀한 손님으로 당신이 즐기기 위해 준비된 무대다. 실제 무대와 다른 것은, 가끔 무대가 진행되는 상황에 휘말려 고통

스럽고 괴롭다는 것이다. 뇌가 느낀 대로 세계는 만들어진
다. 뇌가 다르면 세계도 다르다.

당신은 어떤 세계를 보고 싶은가.

우리 아이에게 어떤 세계를 보여주고 싶은가.

변하는 것은 세계가 아니라 뇌다.

이해하지 못하는 이유는 인식프레임 때문

사고방식을 만들어내는 인식프레임은 크게 두 종류로 나눈다. 목적지향과 과정지향이다. 목적지향일 때 사람은 결론을 서두르고 문제해결을 으뜸으로 여긴다. 과정지향일 때 사람은 일의 경과를 알고 싶어하거나(또는 이야기하고 싶어하거나) 공감을 으뜸으로 여긴다. 어느 쪽이든 인식프레임을 가지고 있고 둘 다 사용하지만, 마음이 얽힌 대화에서 남성은 목표지향을, 여성은 과정지향을 사용하는 경향이 높은 편이다.

예전에 '여성활동추진 심포지엄'에 방문했을 때였다. 한 분과회의 주제가 '왜 이해해주지 않는가'였다. 그곳에서 기업의 여성리더들이 직장상사와의 소통 차이로 고민을 나누고 있었다. 예를 들면 자신들 팀의 간절한 사정을 이야기하는 중에 남성 상사는 말을 끊으며 "뭘 말하고 싶은 거야?" "뭘 하겠다는 거지?" "그럼 방식을 바꾸면 어때?" 등으로 대꾸한다는 거다. 자신들이 바라는 것은 그런 말이 아닌데. 마음 아플 정도로 그들의 심정이 이해됐다.

뇌가 다르면 보이는 것이 다르다

팀원들이 힘들어하고 있다. 예측할 수 없는 문제가 계속 발생하고, 고객은 제멋대로 행동하고, 그 때문에 야근도 늘어났다. 육아중인 직원도 있어서 가정생활에도 쫓긴다. 이쯤 팀 전체에 휴가를 주고 싶다. 성과목표를 조금 하향 수정하고 싶다.

이럴 때 과정지향의 리더는 우선 팀에 발생한 사정을 간절하게 호소한다. 그런데 목적지향의 상사는 "그래서 뭘 하고 싶다는 거야"라며 반문한다. 기다리지 않는다. 팀원들을 위해 나선 팀장급 리더는 상사가 자신의 마음을 이해해주지 않아 절망한다. 나는 이런 장면이 머릿속에 선명하게 그려졌다.

이 장면에서 과정지향 인식프레임을 사용하는 리더는, 경위를 설명하지 않으면 진실이 전해지지 않는다고 생각한다. 이런 사고방식이 지향하는 바는 바로 '공감'이다. 그가 바라는 전개는 상사가 정성껏 이야기를 듣고 "그것 참 큰일이군" 하며 공감해주는 것이다. 그러고 나면 휴가나 목표수정에 대해 말하기 쉽다. 먼저 상사 쪽에서 "슬슬 휴가를 잡는 게 어때" 하고 말해준다면 더할 나위 없을 것이다.

한편 목표지향 인식프레임을 사용하는 상사는, 우선 결

론을 알고 싶다. 이야기가 어느 쪽으로 향하는지 궁금해서 견딜 수가 없다. 이런 사고방식이 지향하는 바는 '문제해결'이다. 팀장의 간절한 호소를 듣고 그는 당연히 문제해결을 시도한다. "손님들이 이런 억지를 부려서…"라고 말을 꺼내면, "좀 더 일찍 의사소통을 하고자 대책을 세웠어야 했는데"라고 되받아친다.

뇌가 다르면 보이는 것이 다르다

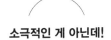

소극적인 게 아닌데!

목적지향 상사 입장에서 보면, 과정지향 리더의 답변은 트집을 잡고 말꼬리를 잡는 것처럼 느껴지기 때문에 과정지향 리더는 본의 아니게 '그래도' '~일지라도'라는 표현을 반복하게 된다. 소극적인 마음이 전혀 없는데도 목적지향적인 대화에 휘말리면 과정지향적인 대화는 소극적으로 보인다. 소극적인 게 아닌데!

이럴 때, 어떻게 휴가를 바란다고 말할 수 있겠는가? 이들은 마음이 전해지지 않는 상황에 깊은 절망에 빠져버린다. 반면 상사 입장에서 보면, 넋두리를 늘어놓고 조언을 선뜻 받아들이지 않는 태도가 어이가 없게 느껴진다.

인식프레임이 다르면 정의(正義)가 다르다

부적합한 대화는 부부관계에서도 자주 발생한다. 아내는 '이야기를 들어주고 기분을 이해해주고 위로받고 싶다'고 말하는데, 남편은 하나하나 문제해결을 입에 올리기 때문에 아내는 절망한다.

PTA(Parent-Teacher Association, 한국의 학부모회 _옮긴이주)에서 생긴 여러 가지 힘겨웠던 내용을 토로하는 아내는 오늘의 노고를 남편에게서 위로받고 싶다. "그거 참, 엄청난 하루였네. 하지만 있잖아, 자기가 없으면 PTA는 해체되고 말 걸." 이런 위로가 있다면 오늘 하루가 헛되지 않았다고 생각할 수 있기 때문이다.

그러나 대부분은 "그렇게 싫으면 그만두면 되잖아"라거나 "임원을 맡지 말았어야 했네"처럼 쉽게 결론을 내버린다. '그게 가능하다면 벌써 그렇게 했겠지!' 아내는 절망스러워하며 "그만 됐어!" 하고 화를 내고, 남편은 여자들은 감정적이고 어리석다며 혼자 상황을 정리해버린다.

이렇게 글을 쓰고만 있어도 안타깝다. 모두 다 진실을 구하고 정의와 성의를 갖고 대처하고 있는데도 상대방에겐 전달되지 않으니까. 인식프레임이 다른 것은 이렇게 심각한 문제를 초래한다.

　남녀뿐만 아니라 모어(母語, 자라면서 배운 바탕이 되는 말_옮긴이 주)에 따라서도 인식프레임이 다르다. 종교는 그중에서 으뜸이다. 국가와 국가의 대립이 결코 종결되지 않는 이유는 다른 인식프레임으로 정의를 말하기 때문이다.

　전 세계적으로 뇌의 인식프레임 차이 연구에 몰두해야 하지 않을까. 세계가 참으로 평화로워지기 위해서는 이 방법밖에 없다고 나는 믿는다.

표어를 달자

여성활동추진 심포지엄에서 만난 리더들의 심정은 마음 아프게 이해했지만 나는 오히려 혹독하게 조언했다. "기분 따위는 아무래도 상관없지 않습니까? 결론부터 말하면 됩니다"라고 말이다. 그곳에 있던 여성들의 얼굴이 하나같이 일그러지는 것을 보고 계속 이어갔다. "하지만 결론부터 말하면 틀렸다고 생각하는 거죠? 느닷없이 팀에게 휴가를 달라고 말하면 마치 자신들이 일하고자 하는 의욕이 떨어진 것처럼 들릴 것 같은 기분이 들고."

그들은 그렇다고 강하게 수긍했다. 과정지향 인식프레임을 사용하는 사람 입장에서 결론부터 말하는 것은 정말로 곤욕스럽다. 중요한 내용을 아무것도 전할 수 없기 때문이다. 그렇더라도 결론부터 말해야만 한다. 상대방이 목표지향 인식프레임의 경우라면 말이다.

나라면 "우리 팀의 의욕 향상과 고객만족도 향상을 위해, 휴가를 다녀오고 목표를 하향 수정하겠습니다" 하고 선언했을 것이다. '우리 팀의 의욕 향상과 고객만족도 향상을 위해'라고 말하는 것이 포인트다. 표어를 다는 것이다.

스스로에게 사용해도 좋다. "가족 모두의 행복을 위해, 오늘 밤 엄마는 저녁식사를 준비하지 않겠어!"라든지. 이렇게 말하면 목표지향 성향의 사람들은 "에? 뭐라고? 어째서?" 등등 반문한다. 그러면 "아니, 부장님. 팀의 노동 강도가 장난 아니에요. 이런 일도 있고, 저런 일도 있고…" 하고 설명하면 된다. "엄마는 이제 폭발 직전이야. 더 이상 집안일을 한다면 너무 슬퍼질 것 같아. 오늘은 하지 않을래. 다같이 어떻게든 해 봐"처럼 말이다.

"어떻게?" 하고 되물어온다면 과정지향 프레임의 승리다. 그때는 생각한 대로 사정을 털어놓아도 된다. 목표지향 성향의 사람은 결론을 알기만 하면 말을 도중에 끊어버리지 않기 때문이다. 가끔은 뜬금없이 "그렇지. 요즘 힘들었구나" 하면서 처음부터 원했던 반응을 얻는 경우도 있지만, 그렇지 않더라도 해피엔딩이다. 전부 말하고 싶다면 "얼마나 힘들었는지 전부 들어보세요" 하고 말한 뒤 모두 들려주어도 된다.

먼저 사정을 말하고 이해시킨 다음, "휴가를 가면 어떨까" "내가 해결할 테니까 앉아 있어"라는 말을 들을 수 있을 거라는 기대는 하지 않는 게 좋다. 인식프레임이 다르기 때문이다.

인생의 황금 문

"이해해주었으면 좋겠다.""이해하고 싶다.""서로 이해한다." 이런 말은 아름답다. 사랑과 배려가 내포되어 있음을 보여주는 인간관계의 궁극적인 이상(理想)이다.

그러나 뇌의 인식프레임 차이를 알아버리면 정말로 어렵다는 것을 알게 된다. 인식프레임이 비슷한 사람끼리만 그 감각을 서로 나눌 수 있다.

그리고 남녀 사이의 연애관계로 말하자면 앞에서 설명한 대로 인식프레임이 다른 사람끼리 서로 호감을 갖는다. 부부는 인식프레임이 다른 사람끼리 사랑에 빠져 결합되고, 하루하루 일상 속에서 다투면서 조금씩 같은 인식프레임을 늘려나가면 마침내 찰떡궁합을 만들어낼 수 있다.

'서로를 이해한다는 것'을 인간관계의 목적으로 삼으면 세상은 정말로 혹독한 곳이 되어 버린다. 대신 '상대방의 인식프레임을 알고 잘 지내기'로 결정한다면, 의외로 즐거운 여정이 될 것이다. 이런 전제 아래 상대를 대한다면 상대방은 이해받았다고 느끼며 너밖에 없다고 따라줄 것이다. '너

뇌가 다르면 보이는 것이 다르다

밖에 없다'는 말은 존재가치를 '알아준 것'으로 절절하게 말하고 싶었던 '감정'은 아무래도 상관없다. 정말이다.

그저 상대방이 이해하기 쉽게 소통하면 결국 내 생각대로 된다. '기분을 알고 싶다'를 고집하지 않으면 인생의 황금 문이 열린다. '존재가치를 알아준다'는 한 단계 위의 만족을 얻을 수 있다. 말이란 자신의 감정을 배설하기 위한 것이 아니다. 상대방의 기분을 존중하고 상대방의 마음을 움직이기 위한 것이다.

시대가 다르면 사람의 감정도 다르다

또한 시대에 따라 변하는 '대중 전체의 인식프레임'의 존재에 대해서도 깨닫게 되었다. 2003년 무렵 자동차는 거의 곡선으로 만들어졌다. 동글동글 모나지 않고 과자나 과일처럼 귀여운 색깔이 칠해진 소형차가 거리를 차지했다. 고급차에는 글래머러스한 곡선이 가득했다(이 시기의 잘 팔리는 성향의 고급차에 직선은 어디에도 눈에 띄지 않았다). 복잡한 곡선으로 이루어진 차체(車體)를 장식한 라이트는 눈부시게 화려한 모양이고, 정면에는 요철이나 화려한 장식이 있었다. 화려함을 너무 강조한 나머지 어떤 면에서는 모든 자동차가 다 비슷해보일 정도였다.

사실 자동차에는 직선을 많이 사용한 샤프한 인상의 디자인이 유행하는 시대(가장 가까운 시기는 1970년대 후반부터 1980년대)와, 곡선을 많이 사용한 글래머러스한 인상의 디자인이 유행하는 시대(가장 가까운 시기는 2000년대부터 2010년대 전반)가 번갈아 찾아온다.

뇌가 다르면 보이는 것이 다르다

    2000년대는 대중 전체가 '마음에 든다고 여기는 자동차의 인식프레임'이 곡선을 지향하는 경우가 상당히 높았다. 반면 30년 전에는 스카이라인이나 셀리카, 소아라(각각 닛산, 도요타에서 출시된 일본 자동차 이름 _옮긴이 주)처럼 장방형의 자동차였으며, 80년대 볼보 또한 한껏 네모졌다. 그 시대 대중이 '마음에 든다고 여기는 자동차의 인식프레임'은 직선을 극도로 선호했다.

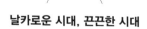

날카로운 시대, 끈끈한 시대

1980년대 여성들의 패션도 가로로 직선을 이루고 있다. 어깨패드로 어깨를 확장하고, 슬릭컷이라는 옆으로 싹둑 자른 가지런한 헤어스타일을 선호했다. 눈썹도 아이라인도 일직선이었다. 반면 2000년대 자동차가 복잡한 곡선으로 둘러싼 시대에는 여성의 패션도 곡선이 가득했다. 프릴에 주름에 리본에 레오파드에 컬이 심한 속눈썹에 튀는 헤어 스타일까지 말이다.

1980년대에는 사람들의 의식도 입에서 나오는 말도 직선으로 뾰족했다. '엘리트가 옳다'고 말하는 시대. 스타는 스타다웠고, 여자아이들은 애인의 조건으로 삼고(三高, 고학력·고신장·고수입)를 당당하게 입에 올렸다. 대중가요는 불륜이나 불량한 노래가 전성기를 누렸다. 누군가에게 뺏긴다면 차라리 죽여 버리겠다는 식이었다. 반면 2000년대는 사람들의 감정이 원만하고 결속력이 있었다. 누구나 'only one'이라고 말하는 시대. 평범한 아이돌이 무리지어 춤추고, 어리숙해 보이는 탤런트가 나눗셈을 틀리면 호응을 받았다. 대중가요는 왜 그런지 벚꽃 노래가 연달아 나오

뇌가 다르면 보이는 것이 다르다

고, 인생이나 인연에 대한 노래가 전성기였다. 시대에 따라 대중 전체가 사용하는 인식프레임이 이렇게나 다르다.

1980년대 당신이 멋있다고 생각한 헤어스타일, 패션스타일, 어깨패드가 2018년의 버블리댄스(일본 경제호황기시대의 의상과 메이크업을 한 복고풍 댄스 _옮긴이 주)에서는 우스꽝스러워 보인다. 아마 20년 후에는 인조속눈썹과 뷔스티에(란제리룩) 스타일의 나풀나풀거리는 원피스가 우스꽝스러워 보일 것이다.

따라서 이러한 대중 전체의 인식프레임의 변화를 꿰뚫어보는 것은 사업가나 디자이너에게는 꼭 필요한 센스다.

대중의 인식프레임에는 주기가 있다

2019년 자동차는 끝부분이 뾰족하다. 뒷부분이 쓱 올라가고 라이트는 치켜 올라간 모양새다. 앞으로 상자형 디자인을 추구하고 계속 변모할 것이라 예측할 수 있다. 2027년을 넘어서면 자동차 디자인은 장방형이 될 것이다. 이에 발맞추듯이 아이라이너 매상이 인조속눈썹 매상을 넘어섰다. 여성들의 패션도 직선을 향해 가고 있다.

유행은 멈추지 않는다. 세상이 곡선으로 채워지면 다시 직선이 나타나기 시작한다. 실제 대중 인식프레임의 변화에는 명확한 주기가 있다. 정반대 현상이 서서히 증가하기 시작해, 14년이 경과하면 사회 현상이 뒤집히고, 28년 후에 최고점을 찍고, 다시 반대쪽으로 여정을 시작한다. 이렇게 해서 56년 후에 같은 위치로 되돌아온다.

어느 해를 기준으로 봐도 28년 후에는 정반대 감성의 시대, 56년 후에는 같은 감성의 시대가 된다.

뇌가 다르면 보이는 것이 다르다

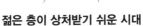

젊은 층이 상처받기 쉬운 시대

1988년에는 리게인(영양 드링크 제품을 중심으로 한 브랜드 _옮긴이 주)의 CM송 '24시간, 싸울 수 있을까?'가 주목을 받았다. 요즘 사람들은 악덕기업이라며 웃지만 그 시절에는 상당히 진지했다. 그 무렵 영원히 불이 꺼지지 않는 회사로 새로운 일에 계속 도전해가는 모습은, '축제를 준비하는 밤'처럼 고양감이 있었다. '꾸중을 들어도 계속 도전한다'는 것이 즐거웠다. 그 시절 개개인의 마음이 특별히 단단했다는 뜻은 아니다. 대중 전체의 인식프레임이 날카롭고 상승지향으로 가득 차 있었다. 그 시절 젊은이의 마음은 그 시절 속에서만 알 수 있다.

리게인 CM송이 주목받던 해를 지나, 28년 후(정반대의 해)인 2016년 '일의 개혁'이 세상을 석권한다. 같은 해, 주식회사 야후가 주 4일 근무 도입을 검토하겠다고 발표했다. 56년 만에 일에 대한 과감성을 가장 많이 잃어버린 해, 반대로 말하면 56년 만에 생활이나 인생을 가장 소중하게 여기는 해가 2016년이었다. 이 시대의 인식프레임에서는 싸우는 일이 괴롭고, 꾸중 듣는 일이 무섭고, 구속받는 일이 힘겹다. 그런 시대에 젊은이들을 1980년대처럼 일을 시키는 것은 가혹하다.

2018년에 분출된 스포츠계의 직장 내 괴롭힘 문제도 뿌리는 마찬가지다. 1980년대에 30~40대의 지도자였던 단카이 세대(団塊, 1947~49년 사이에 태어난 베이비붐 세대, 1970~80년대 일본의 고도성장을 이끌어낸 세대 _옮긴이 주)가 지금은 협회의 중진이 되었다. 예전부터 격렬하고 열정적인 학습을 위해 썼던 말을 지금 사용하면 세상은 충격을 받는다. '요즘 젊은이는' '우리 세대는' '라떼는' 하고 말해도 소용없다. 시대는 사람들의 인식프레임이 만들어내는 것. 사람을 이끄는 리더는 요즘 대중의 인식프레임에 맞추어 메시지를 발표해야만 한다.

뇌가 다르면 보이는 것이 다르다

인생은 인식프레임으로 만들어진다

인식프레임이 다르면 사람이 느끼는 감정도 다르다. 인식프레임이 어떤 조합을 갖고 있는지에 따라 성격이 결정되고 인생의 질이 결정된다. 인식프레임은 선천적으로 지닌 것과 경험에 의해 형성된 것이 있고, 그밖에도 항상 표출하는 것과, 특정 호르몬 밸런스일 때에 표출하는 것, 앞서 이야기한 것처럼 대중 전체가 연동해서 표출하는 것 등이 있다.

아이를 키우면서 나의 인식프레임이 내 아들의 인식프레임에 각인처럼 영향을 끼친다는 것을 느낄 수 있었다. 그래서 언제라도 호기심이 넘치고 적극적이고 유머와 재치로 가득한 인식프레임을 사용하고자 애썼다. 물론 감정이 북받쳐 실패하는 날도 무척 많았다. 인식프레임은 거의 무의식 속에서 발동되니까.

하지만 의식하면 어느 정도 부정적인 프레임을 멈출 수 있다. 내가 '~할 바에야'라는 표현을 말버릇처럼 하면 아이는 시도하기 전에 포기하는 인식프레임을 가지게 된다. 내가 남의 험담을 거듭하면 아이는 '세상은 어쨌든 남을 나쁘게 본다'고 생각해버린다. 그래서 그렇게 하지 않으려 노력했다. '책을 즐겁게 읽는' 모습도 아이에게 '독서는 즐겁다'는 인식프레임을 만들기 위해 의도적으로 보여주었다. 눈앞의 학교 성적보다도 '배움은 즐겁다'는 인식프레임을 갖는 것이 중요하다고 생각했기에 학원에는 다니게 하지 않았다. 학원에서 먼저 지식을 접하면 학교 수업이 지루해질 테니까. 지식을 만나는 순간의 드라마를 먼저 기호나 법칙으로 알게 되어버리는 것만큼 흥미가 깨지는 일은 없다.

숫자도 배우지 않고 초등학교에 입학한 내 아들이 '산수 시간에 기쁜 마음으로 숫자를 세고, 그렇구나 하면서 싱글벙글 즐겁게 계산 문제를 푼다'고 선생님이 알려주었다. 어느 날 웃으면서 집에 돌아와 "엄마, 7과 8을 더하면 15가 되는 걸 알았어~" 하고 기쁜 듯이 웃으며 말해주었다. 모르는 척 덩달아 웃으면서 "그게 뭐야?" 하고 물으면 "7도 8도 다 차지 않은 숫자잖아. 게다가 어중간한 정도의 냄새가 달라. 그런데 더했더니 완성된 수가 되어버려. 정말 이상해"라고 답했다.

아이는 넘쳐나는 호기심과 유쾌한 센스로 대학원에서 물리학을 수학했다. 자동차 설계기사를 거쳐 현재는 햇병아리 컨설턴트이지만 클라이언트의 사업을 넘치는 호기심으로 파악해 다양한 아이디어를 제시하곤 한다. 초등학교

뇌가 다르면 보이는 것이 다르다

1학년 때 기른 인식프레임이 어른이 된 지금도 생기 있게 발동하는 것을 보면 정말 기쁘기 그지없다.

반면 '지식의 즐거움'을 너무 추구한 나머지, 표준점수는 그다지 높지 않았다. 교과목 중에는 이러쿵저러쿵 따지지 않고 외워야만 하는 것도 있다. "이것은 이제 공식으로 기억하자"고 몇 번이나 이야기해도 아이는 승복하지 않았다. 수험생이 되어도 어쩔 수가 없었다. 수험생으로서는 너무 요령이 없었다. 이 점은 엄마로서 반성한다.

왼손잡이 엉덩이에는 '움푹 팬 곳'이 있다?

서두에 밝힌 대로, 작년에 내가 왼손잡이라는 사실을 알았다. 스포츠 트레이너인 야마모토 유지(山本裕司) 코치에게 지적을 받았다. "구로카와 씨는 왼쪽이 더 효과적이네요. 천골 모양도 왼손잡이에게서 자주 볼 수 있는 형태예요"라고 말이다.

천골은 요추와 꼬리뼈를 연결하는 삼각형 모양의 엉덩이뼈를 말한다. 겉에서 보면 '엉덩이가 시작하는 부분'이다. 천골은 엉덩이가 시작하는 뼈에 어울리는 커브 형태를 그리는데, 야마모토 코치에 따르면 그 커브 형태에 두 종류가 있다고 한다. 일반적인 사람의 엉덩이는 요추와 접하는 부분부터 통통한 모양이 시작되는 것에 반해, 약간 오목하게 들어간 다음 통통한 모양을 그리는 사람이 있다. 전자는 D자 라인이지만, 후자는 S자 라인이다(실제로는 그렇게까지 극단적이지 않지만 이미지로 설명하면 그렇다). 그리고 왼손잡이는 S자 라인을 갖고 있는 경향이 높다.

예전부터 엉덩이가 시작하는 부분에 부채꼴의 움푹 팬 부분이 있고, 다른 사람들은 그렇지 않다는 것을 알고 있었다. 그러나 나의 엄마도 남편도 아들도 왼손잡이였고 엉덩이에 움푹 팬 부분이 있어서 나에게는 대다수에 해당했다. 그런데 작년에 우리집 며느리가 "어머니 엉덩이는 큐피 인형 같아요. 시작하는 부분이 삼각형 모양으로 움푹 들어가 귀여워요"라고 해서 특이하냐고 물었더니 별로 보지 못했다고 말해주었다. 덕분에 엉덩이 쪽의 부채꼴로 움푹 팬 모양이 소수파이며, 우리집의 특성임을 알게 되었다.

야마모토 코치는 수많은 사람들의 뼈를 접하면서 천골이 모양에 따라 두 종류로 구분된다는 것을 발견했다. 움푹 팬 타입의 대부분이 왼손잡이라는 것도 말이다.

뇌와 왼손잡이

처음에는 내가 왼손잡이라는 지적을 받아들일 수 없었다. 어쨌든 59년이나 오른손잡이로 살아왔다! 더구나 내 뇌가 좌뇌로 편중된 형태라는 사실을 도쿄의과치과대학의 츠노다 타다노부(角田忠信) 교수의 연구실에서 실험자로서 뇌 실험에 참가했을 때 알게 되었다.

뇌와 감각기관(눈, 귀, 손발)은 좌우가 교차하는 것처럼 연계된다. 좌반신에서 들어오는 정보는 우뇌로, 우반신에서 들어오는 정보는 좌뇌로 이동한다.

오른손잡이는 좌뇌를 중점적으로 사용한다. 좌뇌에 언어기능이 편재해 있고 좌뇌와 연결되는 오른손으로 글자를 쓰고 싶어 한다. 왼손잡이는 반대다. 왼손잡이 아이를 억지로 교정시키면 말더듬증이 발병하는 경우가 많은데, 이것은 '언어를 표출하는 쪽'의 뇌가 봉쇄되었기 때문이다.

오른손잡이는 순간적으로 판단할 때 좌뇌를 우선해서 사용하고, 왼손잡이는 우뇌를 우선해서 사용한다. 좌뇌는 표면의식과 직결해서 기호나 논리 등 '정석의 지식'을 사용하는 장소이고, 우뇌는 오감정보를 종합해 이미지를 생성

뇌가 다르면 보이는 것이 다르다

하는 장소다. 그렇기 때문에 오른손잡이는 순간적인 판단이 빠르고 현실사회의 처리 능력(남과 사귀는 일에 실수가 없고, 요령 있게 쇼핑을 하고, 늦지 않고, 잊지 않는 등)에 능하다고 생각할 수 있다. 왼손잡이는 조금 멍해 있고, 남과 다른 견해를 가진 사람이 많다. 현실사회의 처리능력이 낮아서 정형적인 사람 입장에서 보면 예상치 못한 색다른 일에 출중하다.

시스템 엔지니어 시절에 다녔던 수학연구소의 수학자 대부분이 왼손잡이였다. 어느 날 식당에서 점심을 먹고 있는데 어쩐지 묘한 느낌에 사로잡혔다. 주위를 잘 관찰해보니 식당에 있는 사람 모두가 왼손으로 젓가락을 사용하고 있던 것이다. 수학이나 물리 영역에는 왼손잡이가 눈에 띄게 많다. 아이슈타인 박사도 왼손잡이였다.

나는 일반적인 오른손잡이보다 좌뇌를 훨씬 더 사용한다. 츠노다 교수는 이렇게 지적했다. "지금까지 내 실험자 중에서 이렇게까지 좌뇌로 편중된 성향을 가진 사람은 당신 이전에 단 한 명뿐이었어. 아베 코보(安部公房, 소설가이자 극작가로 일본의 카프카로 불림 _옮긴이 주)뿐이었지."

그런데 왼손잡이라니? 좌뇌로 편중된 성향은 내 자랑이었는데!

"우반신과 연결되어 있는 좌뇌를 편향적으로 사용한다는 것이 판명 났기 때문에 확실히 오른손잡이입니다"라고 주장하는 나에게 야마모토 코치는 물러서지 않았다.

시험 삼아 왼발로 볼을 차는 모습을 취해보았더니 놀랍게도 몸이 흔들리지 않았다. 오른손잡이로 살아온 나는 당연히 오른발로 볼을 차지만, 차는 순간 몸에 맥이 빠진다. 그리고 볼이 똑바로 날아간 적이 없었다. 왼발을 사용하니까 차는 발이 똑바로 앞으로 나오는 동시에 몸은 움쭉달싹하지 않았다.

왼손으로 펀치를 해보니 오른손 펀치보다 20cm나 먼저 닿는다. 왼손으로 이름을 써보았더니 언제나 S자 커브를 그리는 '구로카와 이호코'가 묘비에 새긴 이름처럼 똑바로 써지는 것이 아닌가! 원래 진짜 오른손잡이는 왼손으로 이름을 쓰려고 해도 술술 쓸 수는 없을 것이다.

완패다. 나는 왼손잡이였다.

예상 밖의 이점

그 후로 나는 왼손잡이로 살고 있다. 연필이나 펜은 이제
와서 바꿀 수 없지만 내딛는 발은 왼발로 바꾸었다. 그것만
으로 놀라운 일이 일어났다. 이제 계단을 쭉쭉 올라갈 수
있다. 왼쪽으로 내딛으면 몸통이 그대로 쓱 올라간다. 오른
쪽으로 내딛으면 몸이 비틀어져(볼을 찰 때와 같다) 무겁게
느껴졌다.

서재 의자에 앉을 때도 지하철, 버스 등 좌석에 앉을 때
도, 왼손잡이라는 사실을 의식해서 앉는다. 그것만으로 더
이상 다리를 꼬지 않는다. 지금껏 다리를 꼬지 않고서는 앉
아 있을 수 없었다. 양쪽 다리를 수직으로 내려놓고 몇 시
간 동안 앉아 있어도 허리가 아프지 않고 어깨가 뻐근하지
않다. 그렇게 지내는 동안에 잘 들리는 귀가 오른쪽에서 왼
쪽으로 변해버렸다. 잘 보이는 눈과 잘 들리는 귀가 일치된
지금은 이전보다 길을 헤매지 않는다. 지금까지 어찌 살아
온 건가 싶어 정신이 아찔하다.

지금껏 나의 신체에 맞지 않는 인식프레임을 사용해 몸

을 움직여왔다. 초등학교 시절부터 서툴다는 이야기를 자주 듣고 비석치기나 피구도 나와 함께하는 팀은 어드밴티지를 얻을 수 있었다(모두 착했다). 뜀틀도 멀리뛰기도 어느 발을 내딛어야 하는지 몰라 혼란스러웠고 제대로 뛰지 못했다. 장대높이뛰기에서도 어느 쪽 다리로 넘어가야 하는지 알 수 없어서 언제나 바를 들고 그대로 내달렸다. 붓글씨도 피아노도 주판도 항상 제대로 하라는 꾸지람을 들었지만 왜 잘 할 수 없는지 그 이유는 알 수 없었다. 지금 생각해보면 내가 비스듬히 앉아 무얼 할 때마다 몸이 흔들렸기 때문일 것이다.

누군가 강제로 오른손을 쓰라고 시킨 것은 아니다. 연필을 오른손에 건네주니까 순진하게 오른손을 사용했을 뿐이었다. 왼손을 사용했더라면 손재주가 좋아졌을지도 모른다. 내 아들은 오른손으로 쥐게 하니 흥미조차 보이지 않았다. 어느새 떨어뜨리고 거들떠보지도 않을 정도로.

내가 뇌과학의 대가도 놀랄 정도의 좌뇌 편중이었던 것은 '궁극의 오른손잡이'여서가 아니라 서툰 오른손을 훈련시키기 위해 도리어 열심히 노력해 좌뇌를 사용한 결과일 것이다. 그렇다면 아베 코보 선생님도 반대 손을 사용했을 가능성이 크다. 우리(천하의 문호를 약삭빠르게 끼워 넣는다)

가 좋든 싫든 사람의 신경을 건드리는(또는 거슬리는) 문장을 쓰는 것도 손을 봉쇄하고 살아가는 뇌에서 배어나오는 정체를 알 수 없는 무엇일지 모른다.

'서툴고 어리숙하고 신경 거슬리는 사람'으로 살아온 59년이 헛되지는 않을 것이다. 손잡이 반대 손을 사용하는 것은 진짜 왼손잡이와도, 진짜 오른손잡이와도, 교정 받은 오른손잡이와도 다른 '세계'를 본다. 그것이 나의 강점이라고 여기기로 했다.

사라지는 물건

반대 손을 주로 사용했기 때문인지 나는 물건을 자주 잃어버린다. 아마 표면의식의 인식프레임이 오른손 중심인데 잠재의식의 인식프레임 중에 왼손 중심이 섞여 있기 때문 아닐까 싶다. 무의식 중 놓아둔 것을 의식 아래에서는 찾을 수 없다. 누구에게나 일어나는 일이겠지만 다만 그 빈도와 없어지는 방법이 엄청나다. 어떤 때에는 몸 주변에 블랙홀이 있는 것은 아닌지 싶을 정도로 물건이 홀연히 모습을 감추고 다음날 홀연히 나타난다.

역시 손잡이 반대 손을 사용하는 교정된 오른손잡이인 남편에게도 그런 경향이 있다. 손잡이 반대 손을 사용하는 부모님에게 길러진 진짜 왼손잡이인 아들도 주위 사람들 (가족)의 인식프레임 혼란에 말려들어 물건을 자주 잃어버린다.

그래서 규칙을 만들었다. 책이나 CD를 잃어버렸을 때는 한 번 더 산다. 양심에 찔리지만 이 규칙은 내 마음의 버팀목이다. 상하로 구분된 추리소설 가운데 하권을 잃어버렸

　　　　　　　　　뇌가 다르면 보이는 것이 다르다

을 때는 정말이지 너무나 괴롭다. 발견할 때까지 다른 일에 집중할 수가 없다. 게다가 다시 나타나기까지 며칠씩 걸리는 경우도 있다. 마음이 울적하고 집안일이나 다른 일이 밀릴 정도라면 한 번 더 사는 게 속 편하다. 찾게 되면 되팔면 된다.

물건을 잃어버리고 어리둥절할 때 "다시 사자. 작가에게 인세를 주는 거야"라는 말은 나를 환하게 한다. "없어졌어? 그럼 사줄게"라는 말을 들은 아들은 "괜찮아? 정말이야? 에~ 이거 정말 대단한 사치인데" 하면서도 미소 짓는다. 정말로 대단한 사치를 한 기분이다. 그렇다고 해서 매번 이렇게까지 절망적으로 잃어버리는 건 아니고, 이런 일은 1년에 두세 번 정도다. 레스토랑에 한 번 안 가면 되는 정도의 지출이다.

이런 집안에 알뜰한 며느리가 들어왔다. 그녀는 깜짝 놀랄 정도로 물건을 잘 찾아준다. 그러면서 "뭐야? 이 집은 누군가 늘 물건을 찾고 있어" 하며 놀란다. 그녀의 말에 따르면 '이런 데 이런 물건을 놔도 괜찮을까' 하고 의식하고 있으면 잠시 후 우리 중 하나가 "어디 있어, 어디 있어" 하며 찾기 시작한다고 한다.

찾고 있던 한 조각

아들 녀석이 자신의 유전자에 없는 감성에 홀딱 반해 데려온 며느리는 우리집에 너무나 부족했던 센스를 지닌 사람이었다. 찾고 있던 직소 퍼즐의 가장 중요한 한 조각처럼.

언젠가 본 TV드라마에서 며느리가 된장을 뒤섞으려고 하는데 시어머니가 말리는 장면이 나왔다. 이제 막 들어온 며느리가 된장을 뒤섞으면 맛이 변한다면서. 일꾼이 손대는 것도 허락하지 않고 한 집안의 주부만 휘젓는 윤기 나는 된장. 머지않아 여러 일이 생기고 집에 친숙해진 며느리는 공손하게 된장 뒤섞는 역할을 맡는다. 사람 몸의 상재균(常在菌, 신체 부위에 정상적으로 존재하는 세균 _옮긴이 주)이 된장 맛의 일등공신이기 때문에 이런 행동은 과학적으로도 입증됐다.

내 어머니는 호쿠부큐슈(北部九州) 출신으로 이 지역은 된장을 아주 소중하게 여기는 풍습이 있다. 겨된장을 된장처럼 사용해 생선을 익히는 '생선된장조림'이 일품이다. 어머니가 살던 마을에서 된장은 100년을 넘어 계속 이어져 내려오고 있다. 어머니 시대에는 시집갈 때 친정에서 된장

뇌가 다르면 보이는 것이 다르다

을 받아 갔다고 한다.

부부 둘이서 생활하는 경우라면 상관없겠지만, 시댁으로 들어온 며느리는 그 된장을 어떻게 했을까. 시어머니 된장 옆에 나란히 놓고 한동안 두 가지 맛을 식탁에 올렸을까? 그러다 머지않아 그 된장을 하나로 합쳤을까? 도대체 언제쯤? 그들의 이야기가 자못 궁금하다.

이렇게 말하니 전통술 양조장 주인이 "며느리가 들어오면 술맛이 변한다. 인품이 좋은 며느리가 들어오면 어쩐지 술맛도 그렇게 변한다. 집에 없는 균을 가지고 왔으니까"라는 말을 한 적 있다. 된장을 뒤섞고 밥을 짓는 사람 몸의 상재균이 그 집의 맛을 만든다. 그것을 먹는 집안사람의 상재균을 서서히 바꾸어 가업(家業)도 변해간다.

새로운 유전자, 새로운 상재균, 새로운 인식프레임… 집이 번영하는 징조다. 아이를 낳기 때문만이 아니다. 며느리가 기존 가족에 새로운 변화를 가져오기 때문이다. 다르기 때문에 좋은 것이다. 다른 점을 꺼린다는 마음은 당치도 않다.

모어(母語)가 다르면 뇌가 다르다

앞서 언급한 츠노다 타다노부 교수에게는 대단히 흥미로운 연구결과가 있다. 츠노다 교수는 본래 이비인후과 교수로, 일본인과 서양인의 듣는 방식이 다르다는 사실을 알아차리고, 차이가 어디에서 오는 것인지를 연구한 끝에, 애초에 뇌가 다르다는 것을 발견했다. 연구 성과는 1978년 『일본인의 뇌』(日本人の脳)라는 책으로 세상에 발표되어 화제가 되었다.

사람의 뇌는 우반구와 좌반구로 나누어져 있고, 신호음이나 기계음처럼 정서적 의미를 느끼지 못하는 소리는 우뇌(왼쪽 귀)에서 듣고, 사람의 소리처럼 정서적 의미·기호적 의미를 부여하는 소리는 좌뇌(오른쪽 귀)가 듣는다.

츠노다 교수에 따르면 일본인과 서양인은 '정서적 의미를 부여하는 소리'의 경계선에 차이가 있다. 일본인은 자연계의 소리를 좌뇌로 듣는다. 즉, 벌레 소리나 작은 대나무 잎이 바람에 산들거리는 소리, 마른 낙엽이 아스팔트 위를 굴러다니는 소리, 졸졸 흐르는 시냇물 소리 등을 좌뇌로 듣고 적막감이나 청량감, 약동감을 느낀다. 결국 자연계의 소리를 언어 영역으로 듣고, 사람의 언어처럼 받아들이는 것이다.

반면 대부분의 서양인은 이런 자연계의 소리에 좌뇌가 반응하지 않는다. 따라서 여름 끝자락에 적막감을 가져오는 쓰르람 쓰르람 하고 우는 저녁매미 소리는 공기정화기의 기계음과 마찬가지로 처리되고 만다. 그러고 보니 오즈 야스지로(小津安二郎, 일본영화의 3대 거장 _옮긴이 주) 감독의 영화를 미국에서 상영했을 때, 매미 소리가 시끄러우니 지울 수 없겠느냐는 클레임이 있었다는 이야기를 들은 적이 있다.

원인은 모어의 특성에 있다. 영어는 자음 주체로 음성이 인식된다. 영어를 사용하는 사람은 모음을 음향 소리로 절반쯤은 흘려듣고 자음의 흐름에 집중해서 의미를 찾아낸다. 이에 일본어는 모음 주체로 음성을 인식한다. "구로카와입니다"라고 듣고 이것이 4박의 단어라고 앉은 자리에서 인식할 수 있는 것은 U-O-A-A라는 모음의 골격을 파악하기 때문이다. 같은 음성의 파형(波形)이 누군가에게는 '오빠 만세'라고 들리고, 다른 누군가에게는 'All by myself'라고 들리는 것도 인식프레임의 차이다.

일본어를 사용하는 사람에게 모음은 중요한 정보를 품

고 있다. 이 모음이 자연계의 소리와 닮은 파형을 가진다. 일본어를 사용하는 사람에게 자연계의 소리는 말의 연장이다. 세상은 소리로 가득하다. 귀로 듣는 소리가 어느 정도의 세계관을 만든다. 그렇다면 모어에 따라 느끼는 세계관이 몹시 다른 것이 분명하다.

일본어를 사용하는 사람의 손은 자연과 융화되는 세계관을 그리고 영어를 사용하는 사람의 손은 자연과 대립해 통제하는 세계관을 그린다. 실은 인공지능 설계에서도 일본어를 사용하는 사람의 센스와 영어를 사용하는 사람의 센스는 상당히 다르다.

남녀가 다른, 시대가 다른, 모어가 다른, 종교가 다른, 손잡이가 다른, 태도가 다른 세계관. 다수의 사람들이 '자신의 생각이 옳고, 세계의 이상'이라고 주장하는 것은 우습기 짝이 없다. 엘리트가 말하는 것만이 세상의 정답이라고 할 수 없다.

뇌가 다르면 보이는 것이 다르다

마의 시각

츠노다 교수는 이런 연구 도중에 흥미로운 사실을 발견했다. 가끔 실험자의 오른쪽 귀와 왼쪽 귀의 기능이 뒤바뀐다는 사실이다. 일반적으로 오른쪽 귀로 입수된 정보는 좌뇌로, 왼쪽 귀로 입수된 정보는 우뇌로 도달한다. 하지만 가끔 오른쪽 귀로 들어온 정보가 우뇌에, 왼쪽 귀로 들어온 정보가 좌뇌에 도달하는 시간대가 있다. 그 시간대가 되면 모든 실험자에게서 기능이 뒤바뀌는 증상이 일어난다. 뇌와 신체의 신경 교차가 풀리는 시간대라니! 츠노다 교수의 대발견이다.

츠노다 교수에 따르면 보름달이 뜨는 시각을 사이 두고 앞뒤 5시간, 초승달이 뜨는 전후 3시간, 반달이 뜨는 전후 1시간 반 동안 그 현상이 일어난다고 한다. 나는 실험자로서 좌우 뇌가 뒤바뀌는 현상을 직접 경험했다. 실험에서는 실험자의 좌우 귀에 백색소음을 들려준다. 백색소음이란 옛날 TV 방송이 끝난 시간에 흘러나오는 '샤~' 하는 모래폭풍 같은 소리를 말한다. 이것을 리드미컬하게 쪼개어 '슈, 슈, 슈' 소리로 주파수대를 바꾸고 근소하게 타이밍을 늦추어 양쪽 귀에 들려준다.

나는 음력으로 산출된 좌우 뇌가 뒤바뀌는 시각에 걸쳐서 이 소리를 들었다. 오른쪽 귀에 '슈, 슈, 슈', 왼쪽 귀에 '샤, 샤, 샤' 하는 소리가 근소한 차이로 도달했다. '슈(샤), 슈(샤), 슈(샤)' 이런 느낌으로. 하지만 어느 순간 좌우 소리가 두개골을 감싸듯이 가볍게 뒤바뀌었다. 그러고는 '샤(슈), 샤(슈), 샤(슈)' 하고 들리기 시작했다. 마치 헤드폰 음향장치에서 좌우 소리를 바꾼 것 같았다. 내 뇌를 관측하고 있던 츠노다 교수는 "시간에 맞춰서 뒤바뀌었네요" 하고 미소 지었다.

헤드폰에서 들려오는 좌우 소리가 바뀌는 일은 물론 없었다. 헤드폰의 좌우 소리가 바뀐 것처럼 들린 것은 내 뇌로 향하는 경로가 바뀌었기 때문이다. 오른쪽 귀에서 들어오는 소리를 좌뇌에서 듣고 있었는데, 어느 순간부터 우뇌가 듣는다. 뇌의 입장에서 보면 소리의 세계가 반전한 것처럼 느낀다. 완전히 소리의 세계가 뒤바뀐다. 실제로 그런 현실감 있는 체험을 통해 이것이 얼마나 위험한 일인지 생각해보았다. 만약 반전 시간대에 운전하는데 급브레이크 소리를 들었다고 한다면? 오른쪽에서 들렸다고 생각해 순간적으로 왼쪽으로 핸들을 돌린다면? 그런데 사실은 왼쪽에서 자동차가 밀고 들어오고 있었다면?

뇌가 다르면 보이는 것이 다르다

좌우 뇌가 반전하는 것은 소리만이 아니다. 다른 감각 기관에서 받아들인 정보도 뒤바뀐다. 그러니 시각도 촉각도 마찬가지다. 순간적으로 반대쪽을 선택해버리기 때문에 길을 잘못 드는 경우, 싸움을 하는 경우, 사고를 당하는 경우가 일어나기 쉽다는 것은 명백하다. 이렇게 뇌와 감각기관의 관계가 여느 때와 달리 뒤바뀌는 시간을 '마의 시각'이라고 불러도 될 것 같다.

full moon baby

모자수첩에 적혀 있는 내 출생시간은 보름달이 뜨는 시각, 바로 마의 시각이다. 나는 마의 시간 한복판에 태어났다. 왼손잡이인 내 어머니도 풀 문 베이비였다. 내 아들은 초승달이 뜨는 정각에 태어났다. 남편의 출생시간도 반달이 뜬 후 1시간 반 안에 들어간다. 결국 내 주위의 왼손잡이들은 모두 뇌의 좌우 반전 시간에 태어난 것이다. 이것만으로 세상 모든 왼손잡이가 그렇다고는 말할 수 없지만 아무래도 관련 있어 보인다.

태아의 두개골은 한가운데가 연결되어 있지 않고, 산도(産道)를 통과할 때에 조밀하게 겹친다. 당연히 뇌가 극심한 압박을 받아 허혈상태가 된다. 산도를 이탈하는 순간 단숨에 뇌에 혈류가 흘러가고 세상을 극적으로 인지한다. 호흡도 시작된다. 그 순간에 뇌와 감각기관이 좌우 반전한다는 것과, 손잡이가 반전하는 것이 전혀 무관하다고 잘라 말할 수 없을 것 같다.

뇌가 다르면 보이는 것이 다르다

사실 나는 풀 문 베이비이지만 제왕절개로 태어났다. 좌우 뇌가 반전하는 시간에 태어났지만 '이 세상을 인식하는 최초의 통과의례'를 패스했다. 그렇다면 오른쪽도 왼쪽도 알 수 없게 되는 셈이다.

세상의 가치관을 모르고 남이 좋다고 말하는 것이 왜 좋은지 잘 모른다. 미남미녀도, 높은 점수도, 대저택도, 보석도, 남이 선망하는 것들을 부럽다고 생각한 적이 없다. 잘난 사람에게 주눅 든 적도 없고 누군가를 깔본다는 감각도 잘 모른다. 내 뇌에는 위도 아래도 좌도 우도 없다.

이기고 진다는 것

나는 줄곧 내가 서 있는 자리에 대해 알지 못했다.

운동회의 달리기 경주가 '정말 열심히 달려 순위를 경쟁하는 경기'임을 상당한 시간이 흐르고 나서야 인지했다. '이기고 싶다'는 생각이 없었기 때문에 그 의미를 알 수 없었다. 단지 동물적인 본능으로 무리에서 이탈하는 행위를 불안하다고 여겨 다른 이들처럼 열심히 했을 따름이다. 1등이되기 위해 달리지는 않았다.

모두 누군가에게 경쟁을 배울 것이다. 그러나 나는 지금도 학회에서 인정을 받거나 상을 받거나 특별회원으로 추대되거나 하는 그런 명예에 대해 전혀 이해하지 못한다.

남녀 뇌에 관한 내 주장은 처음에는 괄시받았다. "당신이지금 하는 이야기에 대해 도쿄대에서는 뭐라고 합니까?"라는 말을 듣기도 했다. 그 말이 업신여김이라고 알아차리지못하고 "에? 도쿄대는 아마도 남녀의 언행에 관한 연구에는그다지 관심을 갖고 있지 않다고 생각합니다만"이라고 대답하곤 했었다.

뇌가 다르면 보이는 것이 다르다

지금도 '남녀의 뇌는 다르지 않다. 당신은 틀렸다'는 말을 듣곤 한다. 틀렸다는 것은 어떤 판단일까? 내가 박사도 아니고 학회 중진도 아니니까 달리기 시합의 승패 가치를 몰랐던 것처럼, 내가 모르는 무언가가 여기에서도 진행되는 것일까? 그렇다면 나는 무엇에 지는 것인가?

'남녀는 다르지 않다'고 말하는 사람들이 세상의 남자와 여자 모두를 행복하게 해주는 방법을 제안해준다면 나는 승패 여부에 전혀 상관하지 않을 것이다. 이에 대한 방법이 없기 때문에 내가 글을 쓰고 있는 것이다.

그래도 남녀는 다르다

해부학적으로 보면 분명 남녀의 뇌는 많이 다르지 않다. 남성에게만 또는 여성에게만 있는 기관이 있는 것도 아니다. 중점적으로 사용하는 기관에 따라 나타나는 약간의 균형차가 있을 뿐이다. 뇌를 해부해봐도 차이를 알기 힘들다. 그렇지만 지금 온 세상의 남녀가 비슷한 일로 좌절한다. 뇌라는 연산 장치에는 개인차뿐만 아니라 유형의 차이가 있다고 이해하는 편이 자연스럽다.

실제로 뇌 신경신호 특성에는 분명한 차이가 인정된다. 그 신호 특성의 차이로 예상되는 남녀대화의 다름이나 견해의 차이는 정말이지 〈있다 있어〉(〈발굴! 있다 있어 대사전〉의 약칭, 1996~2007년 방송된 일본 예능 프로그램 _옮긴이 주)에 다 있다. 남녀의 뇌가 다르다는 것을 명백하게 증명하고 있음을 자부한다.

대다수의 남성에게 공통으로 나타나는 인식프레임이 있고, 그 인식프레임을 가진 사람 집합을 나는 '남성 뇌'라고 부른다. 엄밀하게 말해 '남성의 신체에 탑재된 뇌'라는 의미는 아니다. 따라서 남성의 신체에 여성의 뇌가 탑재되는 경우도 있고, 그 반대도 있다.

　'남성의 뇌 인식프레임'과 '여성의 뇌 인식프레임'의 차이에 따라 일어나는 충돌은 온 세상 남녀 사이에서 실제로 일어나고 있다. 이에 따라 내가 주장하는 문제해결법은 많은 커플을 중재시켰고, 많은 이들을 연애의 고민에서 구해냈다. 그보다 더 '옳다'고 생각하는 방법이 나에게는 없다.

소수자의 안식처

일반적으로 사업체에서는 여성의 뇌가, 가정에서는 남성의 뇌가 소수자다. 수의 문제는 아니다. 조직이나 경영의 이상적인 상태와 개개인의 뇌 인식프레임의 이상적인 상태가 현재로서는 일치하기 때문이다.

어떤 조직이라도 소수자는 불리하다. 회사에서는 여성이, 가정에서는 남성이 불편한 일이 많다. 따라서 회사에 여성의 안식처를, 가정에 남성의 안식처를 만드는 일이 필요하다. 이것이 내가 주장하는 성차이론(性差理論)의 목적이다. 인식프레임 연구자로서 소수파의 인식프레임을 가진 소수자를 간과할 수 없다. 인식프레임이 다른 사회에 살아가는 일이 얼마나 가혹한지 가늠되기 때문이다.

나 또한 궁극의 소수자다. 왼손잡이임을 감추고 반대 손을 사용하고, 제왕절개로 태어났으며, 자폐스펙트럼까지 있다. 여성이 적은 이과계열의 직장에 몸을 담았다. 다수로부터 이렇게까지 벗어나 있으면 더 이상 잘난 사람(다수의 성공한 그룹)을 설득할 방도가 없다. 단지 내가 느낀 일을 진지하게 전할 수밖에 없다.

경쟁에서는 이길 수 없을지 모르지만 누군가에게는 새로운 영감을 가져다줄지도 모른다. 세상에 답답함을 느끼는 이들에게, 세상이 즐거워지는 사소한 힌트를 줄 수 있을지도 모른다. 그것으로 충분하다. 인식프레임의 소수자를 위해 나는 이 길을 계속 가고자 한다.

모두가 무언가의 소수자

누구나 장소에 따라서 소수자다. 회사에서 잘나가는 사람도 가정에서는 아내에게 머리를 조아린다. 영어가 모국어가 아닌 사람이 영어를 모국어로 사용하는 사람과 영어로 대화하면 그 '판'에서는 인식프레임이 완전하다고 말할 수 없다.

그러나 '다름'이 나쁜 것은 아니다. 소수자는 누군가가 떠올릴 수 없는 생각을 해내고 그것을 관철시킨다. 시대의 총아가 된다는 것이 단지 꿈이 아니다.

자신과 관련되지 않는 판에 일부러 몸담고 살아가는 인생 전략도 있다. 특색 있는 부하직원을 일부러 팀원으로 두는 방법도 있다. 다양성과 포용(diversity & inclusion)이란 그런 말이다.

하지만 인식프레임에 차이가 있음을 알아두지 않으면 그 전략은 해가 된다. 남녀의 인식프레임 차이는 부적합한 대화를 만들어내고 소통에 절망적인 장벽을 세운다. 30여 년 전까지는 그래도 괜찮았다. 가정에서도 직장에서도 남녀 역할이 구분되어 있었으니까.

뇌가 다르면 보이는 것이 다르다

그러나 1986년 남녀고용기회균등법 시행 이후, 남녀의 역할이 뒤섞이기 시작했다. 21세기에 들어오면서 남녀는 가정에서도 직장에서도 대등해졌다. 화법의 차이를 인식하고 극복하지 않으면 남녀 모두 함께 일하는 스트레스만 높아질 뿐이다.

　　남녀 간의 상호이해는 상당히 진전됐다. 젊은 층에서 직장의 남녀가 서로 다르다는 느낌은 상당히 줄어든 것처럼 보인다. 자신의 기분을 이해해주기 바라고 과정을 이야기하는 남자가 늘고 있는 한편, 결론부터 말하는 여자 또한 늘어났다.

　　그런데 재미있게도 연인 사이에서는 아직 남녀 뇌에 관한 내 주장이 주효해보인다. 젊은 사람들은 의식적인 인식프레임과 본능적인 인식프레임을 나누어 사용하는 것 같다. 인류의 진화일지도 모른다.

　　그리고 오늘날 인식프레임을 제대로 만들지 못하는 사람, 인식프레임이 제대로 작동하지 않는 사람 등 인식프레임에 문제가 있는 사람이 점점 늘어나고 있다. 사회는 남녀와 국적이나 문화의 차이를 극복해 왔지만, 이제 새로운 다양성과 포용을 강요받는다.

　　인식프레임의 장애, 즉 공감장애를 어떻게 받아들여야 할까.

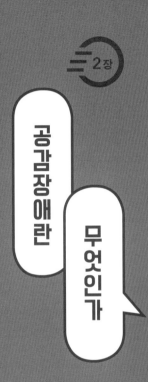

2장

공감장애란 무엇인가

1장에서 사람은 인식프레임에 따라 세상을 바라본다고 이야기했다. 인식프레임이 다르면 순간적으로 보는 것이 다르고, 순간적으로 하는 행동이 다르다. 이것이 서로 '이해할 수 없다' '짜증난다'는 감정을 일으키는 것은 부정할 수 없다.

그러나 서로의 인식프레임이 달라서 발생하는 '세계관의 차이'에 따른 소통의 차이는 괜찮다. 다른 것을 보고 다른 것을 느끼는 상대를 우리 뇌가 원하기 때문이다. 연결되지 않은 의식 채널을 서로 탐색하면서 어떻게든 이어지려 하기 때문에 연애의 묘미도 우정의 묘미도 생겨나는 것이다.

일반적인 뇌를 가진 사람은 '자신이 알지 못하는 세계관' '범접하기 힘든 거대한 세계관' 때문에 좌절하기도 하고 그 세계관을 습득하면서 제구실을 해나간다. 하지만 공감장애를 가진 사람은 감지하는 능력이 부족해서 사람의 의식이나 태도를 느낄 수가 없다. 의식의 채널을 연결할 수 없다. 소통의 차이가 아닌 소통의 손실이다.

요컨대 '말이 통하지 않는다'는 말 속에는 '서로 이해할 수 있다'와 '다른 대응책이 필요하다'는 두 가지 의미가 있다. 그렇다면 그 경계선은 어디일까. 이번 장에서는 그 경계선을 명확하게 하여 공감장애의 정체를 낱낱이 밝히고자 한다.

인식프레임의 결여가 개성을 만든다

'유전자 궁합이 좋다는 사실을 간과'하는 것처럼 천성적으로 지니고 있는 인식프레임이 있다면, '소통의 정석' '업무의 요령'처럼 후천적으로 습득하는 인식프레임도 있다.

그렇다면 '달리기 경주에서 이기고자 하는 마음'은 천성적인 것일까, 후천적인 것일까. 분명 대부분의 사람은 철이 들면 그때부터 저절로 '누구보다도 앞서' 달리려 한다.

하지만 내 사촌동생은 유치원 교사에게 이런 말을 들은 적이 있다. "타카오 군은 어째서 모두와 함께 앞으로 나가려고 하지 않니?" 선생님이 숙모(사촌동생의 어머니)에게 말한 내용에 따르면 점심시간 전에 손을 씻으라고 아이들에게 말하면 모든 아이들이 일제히 손을 씻으러 달려 나간다. 그런데 사촌동생은 유유히 수돗가로 향하고 다른 아이에게 상냥하게 순서를 양보하면서 가장 마지막에 손을 씻는단다. 그런 아이는 이제껏 본 적이 없어서 물어보았더니 사촌동생은 이렇게 대답했다. "맨 처음 손을 씻든 마지막에 손을 씻든 밥은 함께 먹기 시작하니까 그렇게 모두가 먼저 씻고 싶다면 나는 나중에 해도 괜찮아요."

선생님은 어안이 벙벙했고 그 이야기를 전해들은 숙모는 웃음을 터트렸고 나는 감동했다. 정말로 그 녀석다운 행동이었기 때문이다.

이 이야기만 들으면 사촌동생이 여유로운 환경에서 자란 외동이라고 생각할지 모르지만, 그는 삼형제 중 차남으로 가혹한 생존경쟁에 노출되어 있었다. 형제에게 지지 않고 자신의 입지를 확보하려고 하면서도 쓸데없이 허둥대지 않는다. 나중에 야구소년이 되었으니 스포츠맨인데도 사촌동생에게는 '경쟁한다, 이긴다'는 인식프레임이 없었다. 그러고 보니 야구도 가볍게 즐기는 편이었다.

내 아들도 그런 타입이다. 1장에서 이야기한 내 경우와 마찬가지로 '달리기 경주는 누구보다 빨리 달리는 것'이라는 개념이 결여되어 있었다. '누구보다도 빠르게' '누구보다도 높게' '누구보다도 먼저'는 누구나 천성적으로 지니고 있는 본능은 아닌가 보다. 내 아들은 어쩐 일인지 그것을 갖지 못한 채 성장해버렸다. 환경 탓도 아닌 것 같다. 외동이긴 하지만 한 살 무렵부터 어린이집에서 자랐으니 어릴 때부터 경쟁에 노출되어 있었는데도 승부욕이 없는 걸 보면 나를 닮은 탓인지도 모르겠다.

아들이 초등학교 5학년 때였던가, 지하철에서 우연히 만난 반 친구가 나를 알아보고 달려와 "쿠로는 훌륭한 사람이 될 거예요. 언제나 다른 것을 생각해내니까요. 쿠로는 천재예요"라고 말해준 적이 있다. 나는 진심으로 감사한 마음을 담아 그 아이에게 고맙다고 말했다.

이런 마음에 힘입어 괴짜 아이들은 천재라고 불리는 길을 갈 것이다. 알베르트 아인슈타인에게도 그를 의심하지 않았던 어머니와 그를 사랑하는 여자친구가 있었다. 아인슈타인 박사는 5살까지 말을 못했다고 한다. 장애가 의심스러웠지만 모친은 그의 잠재능력을 믿고 지속적으로 지지하고 격려했다. 대학생이 된 후에도 수식을 풀게 하면 천하일품이지만, 역시나 교수님의 말씀을 바로 인지할 수 없었고 과제를 내줘도 지나치기 일쑤였다고 한다. 그런 그의 곁에 늘 바짝 붙어서 선생님 말씀을 몇 번이고 납득할 때까지 설명해주던 사람이 여자친구 밀레바였다. 밀레바 또한 나중에 물리학자가 되었다. 그녀가 바로 아인슈타인의 첫 번째 부인인 밀레바 아인슈타인이다.

그 생각이 나서 지하철에서 만난 여학생의 애정에 마음속으로 기도했다. 그런 귀여운 마음씀씀이가 이런 남자의 전부라고. '이런 남자'에서 '이런'이란 다수가 당연하게 가지고 있는 '전형적(사회통념적) 인식프레임'이 결여된 사람을 말한다. 이들은 독자적으로 행동하고 독자적인 견해를 갖는다. 이것은 개성이며, 본인의 존재 의의를 확립하는 중요한 핵심이 된다.

결여된 인식프레임이 너무 많아 사회생활을 할 수 없는 경우는 장애가 있다고 말한다. 아인슈타인 박사는 그 경계에서 상당히 아슬아슬하지 않았을까. 그를 사랑하는 이들의 도움 받지 않았다면 물리학에 혁명을 가져온 천재과학자가 되지 못했을지도 모른다.

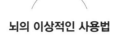

뇌의 이상적인 사용법

아인슈타인 박사는 전형적인 인식프레임이 부족한 한편, 독자적인 인식프레임이 풍부했다. 즉흥적으로 새로운 인식프레임을 만들어내는 능력도 높았다. 덕분에 남들이 볼 수 없는 것을 발견하고 우주의 수수께끼를 풀어냈다.

모든 사람은 전형적인 인식프레임과 독자적인 인식프레임을 겸비한다. 다만 비율에 따라 사회성의 높낮이와 개성의 강도가 결정된다. 누구나 각자 자주 사용하는 정석의 인식프레임을 가지고 있다. 이 인식프레임을 사용해 '사회'를 요령껏 파악해간다.

전형적인 인식프레임을 많이 가진 사람일수록 사회에 잘 적응하면서 가끔 독자적인 인식프레임으로 반짝이는 개성을 드러낸다. 게다가 이때다 싶을 때에는 즉흥적인 인식프레임을 만들어내어 새로운 발견을 하거나 새로운 발상을 한다. 아마 이것이 사회에서 활약해가기에는 이상적인 뇌 사용법일 테다.

아인슈타인 박사는 상당히 독자적인 프레임에 치우쳤지만, 주위 사람들의 사랑과 본인의 사랑스러운 천성 덕분에 천재의 길을 걸었다.

전형적인 인식프레임이 부족했다고 해도 인식프레임 성장 능력이 높은 사람은 어느 시점이 되면 제대로 헤쳐 나갈 수 있다. 약간 넋이 나간 개성적인 아이 → 조금 색다르고 사랑스러운 젊은이 → 창의성이 넘치는 매력적인 성인으로 나아가는 방법이다.

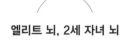

엘리트 뇌, 2세 자녀 뇌

전형적인 인식프레임이 풍부하게 갖추어져 있는 대신, 독자적인 인식프레임이 적고 인식프레임 생성 능력도 약간 낮은 타입은 준수한 우등생인 경우가 많다. 즉 선천적으로 부모의 인식프레임이나 사회의 인식프레임을 쉽게 받아들이는 성향일 것이다. 어릴 때부터 주어진 일을 순수하게 흡수할 수 있기 때문에 '공부'와 '배우는 일'에 강하다. 예의도 차릴 줄 알고 소통에 소홀함이 없다. 준수하고 공부를 잘하면 세상의 왕도(엘리트 코스)를 걷기 때문에 후천적이라도 독자적인 인식프레임을 만들 필요가 없다.

단 이런 타입은 '자신의 상식'이 통용되지 않는 상황에 극단적으로 약하다는 문제가 있다. 타인의 시선에서 바라본 자신의 이상적인 모습을 자각 없이 연기해버리는 '착한 아이' 증후군에 빠져, 자신의 본모습을 잃어버릴 수 있다.

타인의 시선에서 '멋진 사람'이고 싶다는 생각이 강한 사람은, 이런 뇌 사용법에 빠져 있을지도 모른다. 그렇다면 약간 괴짜인 친구를 사귀는 편이 좋다. 독자적인 인식프레임을 갖고 인식프레임 생성 능력이 높은 사람을 통해 '다른 견해'를 받아들이면 부담을 좀 덜어낼 수 있다.

독자적인 인식프레임을 많이 가졌지만 인식프레임 생성 능력이 그렇게 높지 않은 타입도 있다. 자라온 환경이 독특해서 사회적으로는 전형적이라고 말할 수 없는 인식프레임을 본인의 뇌에서는 '전형적인 정석'으로 받아들인 경우다. 독자적인 영재교육을 받았던 사람이나 해외에 나갔다 귀국한 자녀에게서 주로 나타난다. 가끔 화제가 되는 '연예인 2세' '정치인 2세'에게도 많이 나타나는 것 같다. '그 길'에서는 압도적인 이익을 얻을 수 있겠지만 '그 길' 밖에서 살아갈 때는 상당한 손해를 입고 만다. '몰상식'과 '개성' 사이에 위치해 있다. 그래도 이런 경우라면 배짱과 순발력으로 개성파의 길을 개척해가는 수밖에 없다.

천재 뇌, '시대의 총아' 뇌

독자적인 인식프레임을 흘러넘치도록 갖고 있는 한편 새로운 인식프레임 생성 능력이 높은 타입을 괴짜 혹은 천재라고 부른다. 그 경계선은 애매하고 주위 이해도에 따라 크게 달라진다. 이런 타입이면서 동시에 전형적인 인식프레임을 나름대로 갖춘 뇌는 최강이라고 할 수 있겠다. 이들은 시대의 총아가 된다. "그가 하는 말은 이상하게도 일리있다"고 생각하게 하는 힘이 있다. 뇌의 개성과 양육방식이 잘 맞은 경우로, 의도적으로 만들어내기는 어렵다.

소크라테스, 레오나르도 다빈치, 모차르트, 아인슈타인, 혼다 소이치로, 코코 샤넬, 스티브 잡스, 프레디 머큐리 등 이름을 남긴 대부분의 천재가 이런 타입으로, 가정환경이 풍족한 경우도 풍족하지 않았던 경우도 있다. 뇌의 개성과 행불행(幸不幸)의 균형과, 시대의 감성이 기적적으로 일치했다고 볼 수 있다.

이런 타입 중에는 사회생활에 필요한 전형적인 인식프레임을 갖추고 있음에도 다른 타입보다 시간이 많이 소요되어 대기만성이라 불리는 사람도 있다. 반면 전형적인 인식 프레임이 갖추어지지 않은 채, 젊었을 때부터 예리한 개성으로 활약하는 사람도 있다.

전형적인 프레임? 독자적인 프레임?

전형적인 인식프레임이 많으면 공부를 잘할 수 있고 영리하게 행동할 수 있다. 사회적응력이 높고 신뢰감을 줄 뿐아니라 희소가치도 있다. 반면 전개력이나 발상력이 빈곤할수 있다.

특유의 착안점을 연결한 독자적인 프레임이 많으면 남들과 다른 발상이 가능하다. 괴짜라고 불리고 사랑하는 사람에게 근심을 안기고 주위 사람들과 삐걱거리면서도 자신만이 할 수 있는 무언가를 손에 넣으려는 사람들이다.

전자만이라면 인생이 재미없다. 후자만이라면 인생은 절망적이다. 이 두 가지가 어떻게 섞이는지가 인생의 묘미를 결정하는 재량이 된다. 그리고 다른 균형의 인간을 어떻게 섞는지가 조직의 재량이기도 하다.

사람은 누구나 인식프레임에 전형적인 부분과 독자적인 부분을 모두 가지고 있다. 결국 일상에서 어느 쪽을 우선하여 사용하느냐로 많은 것이 달라진다. 전형적인 인식프레임과 독자적인 착안점, 어느 쪽을 우선하는가? 당신은 어느쪽이라고 생각하는가?

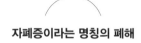

자폐증이라는 명칭의 폐해

오랫동안 내가 '사회적응력이 높고 전형적인 프레임을 우선하는 타입'이라고 생각했다. 사회생활에 대한 이해력이 타인에 비해 떨어진다고는 생각하지 않았기 때문이다(이것이야말로 이해력이 낮음을 증명하는 것이기도 했다).

2018년 여름, 이 책의 집필을 준비하기 위해 본격적으로 '자폐증'에 대해 공부하기 시작했다. 공감장애는 자폐아가 갖는 성질 중 하나이기도 하고, 자폐아에 대한 대응책 중 공감장애에 도움이 되는 내용이 분명 있을 거라고 믿었기 때문이다. 그러다 배움의 과정에서 나 자신이 '독자적인 시점을 고집하는 형태'임을 알았다. 내가 소위 자폐스펙트럼이라고 불리는 뇌를 가진 것이다.

'자폐증'에 대해서 많이들 오해한다. 나 또한 그런 사람 중 하나였다. '자폐증'의 영어 번역은 autism(오티즘)이다. autism은 그리스어의 autos(자기, 自己)에서 유래한다. auto는 이탈리아어를 비롯한 서양 각국에서 받아들여 자립, 자율, 자동 등의 뜻에 사용되고 있다. 일본에서도 자주 사용된다. 오토메이션(자동화), 오토도어(자동문)의 오토가 이에 해당한다. 오티즘의 반대말은 typical(티피컬)로, 전형적이라는 뜻이다.

autism을 직역하면 '독자주의'(獨自主義)라고 할 수 있다. 독자적인 세계관으로 사물을 인지하고 독특한 수법으로 소통하기 때문에 스스로 판단하고 결정해서 행동하는 것처럼 보인다. '전형적인 인간'의 입장에서 이해하기 힘들 뿐이지, 특별히 '주위 사람을 받아들이지 않고 자신 안에 틀어박혀 있는 것'은 아니다.

요컨대 자폐증은 '자신 안에 틀어박혀 남을 거절'하는 장애가 아니라 '독자적인 견해 때문에 범용의 전형적인 소통이 성립하기 힘든' 증상을 일컫는 것이다. 증상이 경미하다면 개성파라고 부르고, 중간 정도라면 고집이 센 괴짜로 보고, 중증이라면 장애인이라고 부른다. 영어로는 경미한 것부터 중증인 정도까지를 포괄해 autism이라고 한다.

'개성파' '괴짜' '발달장애' '지적장애'는 명확한 경계선이 없다. 어떤 뇌로 어떤 말을 주고받는지는 속해 있는 사회가 어느 정도의 엄격한 기준을 갖는지에 따라 달라진다. 어떤 나라에서는 개성파라고 불리는 사람이, 다른 나라에서는 사회생활 부적응자로 낙인찍히기도 하는 이유다.

일본은 오티즘을 자폐증이라고 명명한다. 이 번역 때문에 (오티즘에 포함되는 전부를) '자신의 껍데기에 갇혀서 사람과 관계하지 않는다'는 장애로 인지하고 말았다. 결국 중증의 오티즘을 한 단어로 일괄함으로써 개성파와 '격리'시켜버린 것이다. 이는 크나큰 손실을 초래하고 말았다.

자폐증을 경제력으로 바꾸는 미국

인종과 문화의 도가니인 미국은 오티즘에 대한 이해가 높다. '오티즘 사업가와 전형적인 사업가의 소득을 비교하면 오티즘 쪽이 압도적으로 높다'고 말할 정도로, 새로운 발견이나 새로운 사업개발의 선구자로서 오티즘 쪽에 거는 기대 또한 높다. 그래서인지 미국은 자폐증 연구의 선진국이다. 사회생활 부적응자를 개성과 사업가로 바꾸기 위해 사회의 포용력을 높이려 하고 있다.

어린이 방송 〈세서미 스트리트〉(Sesame Street)에는 오티즘 아이가 다른 아이들과 함께 등장한다. 선생님과 아이들이 즐겁게 대화하는 중에 누군가의 말에도 귀를 기울이지 않고, 스스로도 말을 내뱉지 않고 오로지 그림을 그리는 오티즘 아이가 섞여 있다. 선생님은 자신의 질문에 대답하지 않는 그 아이에게 화내지 않고 반응을 강요하지도 않으며 그렇다고 따돌리지도 않는다. 그 아이의 그림을 칭찬하거나 적당한 수준으로 관계를 맺는다.

자신과 다른 뇌를 받아들이고 그것을 '사업이나 예술의 새로운 기축의 힘'으로 바꾸어가려는 미국의 장기적인 전략을 엿볼 수 있다. 남녀차별이나 인종차별에 대해 세계 어느 곳보다 앞장서서 뛰어넘으려 노력해왔던 이 나라는 오티즘에 대한 차별도 극복하려 하고 있다.

하지만 일본은 어떠한가. 개성파 젊은이가 짓눌려 살 수 없는 나라로 보인다. 융통성이 없는 어른이 짓누르는 게 아니다. 젊은이들끼리 '저 녀석은 분위기를 읽을 줄 모르는 놈'이라고 단정하고 '거북하다'며 개성파를 공격한다. 그런 일본에서 오티즘은 자폐증이라는 이름을 부여받았다.

장애로서의 자폐증

확실히 사회지원이 필요한 장애인으로서 자폐아는 존재한다. 인식프레임을 만들어내기 어려운 뇌를 갖고 태어나는 아이가 있기 때문이다.

사람의 인식프레임은 3살까지 대량으로 생성된다. 태어난 환경을 지각하고 말이나 태도 등 살아가기 위한 기본적인 모든 것을 습득하기 위해서다. 물론 그 후에도 인식프레임은 계속 만들어진다. 특히 8살은 공간인지와 신체제어가 발달하는 임계기라고 부르며 이 시기까지가 감성의 기초가 되는 인식프레임 생성기에 해당한다.

인식프레임을 만들기 힘든 중증이라면 언어인지조차 불가능하기 때문에 지적장애아 지원이 필요하다. 다만 그런 경우에도 '정말로 만들기 힘들다'고 하지만 '전혀 만들 수 없다'는 의미는 아니다. 자폐아의 뇌를 이해하기만 하면 인식프레임 생성에 도움을 줄 수 있다. 뇌는 강력한 개성을 가진 채 서서히 진화할 수 있다. 자 그럼, 왜 자폐아는 언어인지가 이루어지지 않는 것일까? 사실 모어를 습득하는 과정에는 인식프레임이 크게 활약한다.

감각이 예민한 뇌는 '세상'을 모른다

인간은 태어나는 그 순간, 뇌신경세포 뉴런(뇌세포)의 수가 가장 많다. 그리고 3살까지 급속하게 수를 줄여간다. 반면 뉴런을 네트워크화 하는 신경섬유의 수는 극적으로 늘어난다.

뉴런은 인지를 위해 사용되는 세포다. 결국 몸 밖의 세계를 느끼는 능력은 태어났을 때가 최대치라는 뜻이다. 지구 어디에서 태어나도 그 환경을 느낄 수 있다.

하지만 너무 예민한 뇌는 사물을 판단하기가 어렵다. 예를 들어 단풍이 아름답게 물든 산을 바라볼 때 나뭇잎 하나하나의 잎맥이 궁금해지면 '아름다운 풍경' 전체를 파악할 수가 없다. 악기의 음 하나하나에 신경 쓰면 하모니를 이룬 곡 전체를 감상할 수 없다. 인간에게는 세상의 정보를 '사소한 일'과 '중요한 일'로 구분 지을 수 있는 능력이 있기 때문에 세상을 파악할 수 있는 것이다.

아기가 침대에서 바라본 풍경을 상상해보자. 바람에 흔들리는 커튼 앞에 엄마가 있다. 커튼과 엄마는 별개이며, 엄마가 핑크색 스웨터를 입고 있어도 검은색 원피스를 입고 있어도 엄마다. 엄마를 인지하기 위한 인식프레임이 필요하다. 엄마의 표정이나 태도, 냄새나 소리 등의 감성정보를 주위 풍경 속에서 요령껏 파악한 정보를 연결해서 엄마를 인지한다. 보통 그런 인식프레임은 저절로 생성·작용한다.

3살까지는 인식프레임을 양산하는 시기에 해당한다. 인식프레임에서 빠진 '사소한 일'을 뇌는 직감적으로 무시한다. 결국 인생 최초의 뇌 진화는 필요하지 않은 정보를 버리고 순간적으로 사용하는 프레임을 확정지으며 이루어진다.

자폐아는 감각이 너무 예민한 뇌를 가지고 있기 때문에 '요령껏 버리는 일'이 불가능하다. '모른다'거나 '느끼지 않는다'가 아니다. '스스로 닫고' 있지 않다. 오히려 세상과 너무 많이 연결되어 있다. 자폐아는 소리에 예민하고 혼잡한 소음 등 거리의 소음을 견디지 못한다. 다른 어린아이들도 분명 처음에는 그랬을 것이다. 그러다 자라면서 뇌가 혼잡한 소음을 어느 정도 무시할 수 있게 된다.

앞서 이야기했지만 사람은 혼잡한 소음 속에서도 자신의 이름을 부르는 아주 작은 소리에도 반응하고 알아차린다. 칵테일파티 효과다. '커튼 앞에 서 있는 엄마'의 풍경에서 엄마만 포착해내는 것과, 혼잡한 소음 속에서 자신의 이름만을 알아듣는 것은 뇌에서는 똑같은 기능이다. 즉, 인식프레임이다.

언어 습득 메커니즘

말도 인식프레임의 생성으로 습득한다. 2살 반 정도까지의 유아는 전 세계의 모음을 발음할 수 있다. 프랑스인이 프랑스어를 코앞에서 발음하면 어떤 일본인도 도저히 발음할 수 없는 a와 u와 o의 중간 느낌의 모음을 유아는 아주 훌륭하게 발음한다.

그러나 모든 모음을 인지해버리면 말을 알아들을 수 없다. "구로카와입니다" 하고 나를 밝혔을 때 일본어를 사용하는 사람이 내 이름이 네 글자라는 것을 즉각 인지할 수 있는 것은, 귀로 인식한 음성을 aiueo 모음으로 확실하게 구분하기 때문이다.

이것이 10종류 이상의 모음을 인지하는 뇌가 들으면 '구우로오우카아우와아'처럼 들리기 때문에 순간적으로는 인지할 수 없다. 뇌가 경험을 쌓아 '구우로오우카아우와아' 전체를 인지할 수 있게 된다고 해도 음절로 구분할 수 없다. 음성 정보를 부분화할 수 없다면 구로카와와 시라카와의 공통점을 묶어내고 상위개념인 '카와'를 만들 수 없다. 말을 인지하지 못한다는 뜻이다.

결국 뇌는 인지하는 모음의 종류를 줄이지 않으면 일상생활에서 이루어지는 대화를 따라갈 수 있을 만큼 음성인식의 속도를 낼 수 없고, 상위개념을 만들 수 없기 때문에 사고력을 키울 수가 없다.

갓난아이는 모어의 모음에 뇌를 특화해 가는 방법으로 언어를 습득하면서 사고력을 키운다.

뇌 속에는 '순간 인지'에 사용하는 단기기억의 구조(레지스터라고 부른다)가 있다. 레지스터의 수가 7개인 사람이 인류 중에서 최대치라고 알려져 있고, 대부분의 사람은 7개까지의 정보를 순간적으로 낚아챈다. 요컨대 일상에서 사용하는 모음은 많아도 7종류 이내로 줄이지 않으면 소통의 도구로 제 기능을 하지 못한다. 생각해보면 세계 모음의 기본은 aiueo로, 여기에 각각의 언어 특유의 중모음이 2종류 정도 더해져 성립한다. 대부분의 언어가 그렇다.

'언어를 습득한다'는 뇌의 진화는 '쓸데없는 소리를 무시한다'는 뇌의 진화와 다름없다. 모어 이외의 외국어를 익히는 것이 어려운 이유는 '쓸데없는 소리'로 버린 소리 가운데 그 언어의 중요한 소리가 포함되어 있기 때문이다.

더구나 음성을 구분 짓는 위치가 다르다. 인식프레임이 다른 것이다. 앞서 이야기했지만 같은 음성파형이 '오빠만

세'라고 들리는 것도 'All by myself'라고 들리는 것도 인식 프레임의 차이다. 말을 알아들을 수 있다는 것은 음성파형을 부분화해서 구성하는 인식프레임을 획득했다는 증거다.

자폐아가 언어를 인지할 수 없는 것은 이 과정이 잘 이루어지지 않기 때문이다.

언어의 시작

애초에 말의 존재에 대해 갓난아이는 어떻게 알아차리는 걸까. 물이 흐르는 소리나 바람 소리는 음절로 구분 짓거나 하지 않는데 말이다.

사실 '눈앞에 있는 사람의 근육운동'을 뇌가 모방하는 것으로 말의 단위를 습득한다. 결국 소리를 분해하는 능력은 소리에서 시작하는 것이 아니다. '발음을 체감하고' 주고받음에 따라 길러진다.

공감동작실험이라는 (신생아를 대상으로 하는) 실험이 있다. 태어난 지 3시간밖에 안 된 갓난아이라도 실험이 가능하다고 한다. 갓난아이의 눈앞(20cm 정도의 거리)에서 혀를 내밀어 흔든다. 곧 혀를 날름하는 행위를 반복하면 갓난아이가 이를 흉내 내는 것이다. 이는 무척 놀라운 일이다. 태어난 지 3시간 된 갓난아이라도 눈앞의 분홍색 물체가 자신 몸의 어디에 있고, 어떻게 하면 똑같은 행동이 가능한지 알고 있다는 말이니까! 인간에게는 이런 능력이 있기 때문에 말을 할 수 있는 것이다.

다만 갓난아이일지라도 마음이 동하지 않는 경우가 있다. 자신의 아이에게 실험해보고 따라주지 않았다고 해서 걱정하지 말기를.

공감장애란 무엇인가

미러 뉴런이 '말'과 '세계'를 만든다

미러 뉴런이 이런 경이적인 능력을 가능케 한다. 거울 뇌 세포라고 부르는 미러 뉴런은 눈앞에 있는 사람의 동작을 그대로 자신의 신경계로 가져와 거울처럼 모방한다. 눈앞에 마주한 사람이 얼굴에 웃음이 가득하면 나도 모르게 미소 짓고 만다. 미러 뉴런의 효과다.

갓난아이를 안아주면서 '엄마야' '엄마랑 가자' 하고 말을 걸면 '엄마'라고 발음했을 때, 근육운동(구강 주변과 횡격막 근육)과 신체에 일어나는 음향진동, 숨의 풍압이 갓난아이에게 전해진다. 갓난아기는 전해진 정보들을 미러 뉴런으로 모방해 말의 인식프레임을 만들어낸다.

갓난아기의 미러 뉴런 효과는 강력하다. 갓난아기가 크리스마스트리의 조명이 깜박깜박 점멸하는 것에 맞추어 입을 뻐끔뻐끔하는 사례도 보고되고 있다. 인류는 눈으로 본 것을 구강 주변의 근육운동에 빗대는 능력이 상당히 높다.

내 경우 20여 년 전, 아들이 어렸을 적 자동차의 배기음에 맞춰 '부~ 부~' 하고 웅얼거리는 것을 들으면서 인류는 뇌에 비친 것을 입으로 표현하고 싶어하는 생명체임을 체감했다. 인류에게 말이란 이처럼 인식과 표현의 중심을 담당한다.

갓난아기는 다른 사람의 근육운동에 반응하고, 가끔은 인간이 엄두를 못내는 주위현상에도 같이 공명해서 '말'의 존재를 알고 '세계'의 구조를 인식한다.

'존재'를 제대로 인지할 수 없는 자폐아의 뇌

뇌과학 입장에서 말을 습득할 수 없는 자폐아는 미러 뉴런이 제대로 기능하지 않는다고 본다. 다시 말하면 선천적으로 미러 뉴런이 제대로 작동하지 않는 장애인 것이다.

사람은 미러 뉴런에 의해 말뿐 아니라 행동을 습득한다. 갓난아기에게 손을 흔들면서 인사하면 아기도 똑같이 손을 흔든다. 너무나도 당연한 일상의 풍경이다. 대부분의 사람은 단지 본 대로 흉내를 낸 것이라고 생각할지도 모르지만 분명 다르다. 눈으로 본 그대로 흉내 낸다면, 손등이 상대방을 향할 것이다. 왜냐하면 갓난아기 눈에는 상대의 손바닥이 비치기 때문이다. 눈으로 본 대로 흉내 내는 것이라면 상대방이 아닌 자신 쪽으로 손바닥이 향해야 한다. 손바닥이 상대방을 향하는 것은, 갓난아기가 상대방의 전신 근육운동을 자신의 신경계로 모방하는 것이다.

자폐증을 가늠하는 방법 중 하나로 '손등 바이 바이'가 있다. "갓난아기였을 때 손등을 상대방에게 보이며 바이 바이 인사하지 않았습니까?" 하고 아이엄마에게 질문한 적이 있다. 자폐아에게 나타나는 태도 중 하나이기 때문이다. 손등 인사를 한 아이는 제대로 작동하지 않는 뇌를 가졌다고 생각할 수 있다.

미러 뉴런이 제대로 작동하지 않으면 '커튼 앞의 엄마'라는 풍경에서 엄마만을 포착할 수 없다. 혼잡한 소음 속에서 자신의 이름을 알아들을 수 없다. '존재'를 제대로 인식할 수 없는 것이다. 애초에 '주위 사람들과 공명해서 입으로 표현하고 싶다'는 욕구조차 생기지 않는다. 갓난아기가 엄마를 열심히 쳐다보고 옹알이로 말을 건다. 재밌는 표정을 지어주면 까르르 까르르 웃는다. 이러한 사랑스러운 몸짓은 미러 뉴런이 만들어낸 일이다.

사랑이 부족하다?

친한 지인 중에 중증 자폐아를 키웠던 히라오카 미호코(平岡美穗子)라는 친구가 있다. 그녀는 아들을 위해 자폐증 치료 교육의 선진국인 미국의 신기술을 재빨리 도입하고, 나중에는 이상적인 그룹홈(재활 꿈터)까지 만들었다. 현재 NPO 법인 히로시마 자폐증협회의 임원으로 나의 자폐증 교육 스승이기도 하다.

히라오카 씨에 따르면 반응이 약한 아이를 보고 '좀 더 애정을 드러내야 한다'고 조언해주는 사람이 끊이지 않았다고 한다. 안아주면 낫는다는 식으로 말이다. 자폐아의 엄마들 입장에서 이런 조언만큼 불필요하고 잔혹한 것이 없다. 미러 뉴런이 제대로 작동하지 않는 자폐아는 '미러 뉴런에 비치는 것 이외의 것들을 무시한다'는 것도 불가능하다. 경험에 따른 필터('소음을 무시한다'처럼 완충작용)가 작동하지 않기 때문에 오감이 신생아처럼 민감하다. 빛은 한결같이 눈부시고 소리는 엄청나게 시끄럽고 피부접촉에도 예민하게 반응한다.

자폐아는 '마음을 닫고 있는' 게 아니라 그 반대다. '의식의 문이 닫히지 않아서 괴롭다'. 그러한 아이의 마음을 열고자 새삼스레 강한 소통 방법을 시도하는 것이 얼마나 잔혹한 일인지 상상해보길 바란다.

더구나 남의 동작이나 태도를 인지할 수 없기 때문에 다른 사람의 행동은 늘 신경에 거슬린다. 남이 부주의하게 다가와서 건드리는데 참을 이유가 없다. 그런데 사랑을 쏟아부으라니, 아이에겐 그저 공포일 뿐이다.

오늘날은 '59명 중 1명'이 자폐아라고 말하는 시대다. 자폐아의 엄마들에게 애정이 부족하다거나, 좀 더 마음 써주면 반드시 낫는다거나, 열심히 하라는 말들은 가급적 하지 않기를 바란다. 말하는 사람은 괜찮을지 몰라도 듣는 사람에게는 마음이 불에 데인 것처럼 지독한 말이다.

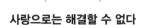

사랑으로는 해결할 수 없다

일본에서는 자폐증의 진상에 대해 아는 사람이 적고, 복지 전문가라 해도 사랑을 입에 올리곤 한다. "손을 잡자, 웃는 얼굴로 애정을 쏟자, 이해하자"며 자폐증에 대해 어떻든 행동하고자 하는 지원조직이 아직도 주류라고 들었다.

뇌의 상태로 말하자면 자폐아를 접할 때는 평상심에 유의할 수밖에 없다. 침착하게 그리고 약간 냉정하게. 감정이 요동치는 것은 물론이고 '풍부한 표정'조차 아이들에게 해가 된다. 미러 뉴런이 작동하기 힘든 이상, 자폐아 뇌에 보이는 '표정'이나 '행위'는 그 수가 적어야 한다.

말도 가급적 간소화할 필요가 있다. 예를 들면 자폐아는 '간식 먹자' '간식 먹을까' '간식이야'라는 말을 모두 같은 의미로 이해하지 못한다.

'간식'이 그려진 카드를 보여주면서 "간식, 먹습니다"처럼 일인칭으로 표현해준다. 이 행동을 반복하면 머지않아 "간식, 먹습니다"라는 말을 이해하고, 간식 카드를 가리키며 간식을 먹고 싶다는 의사표현을 할 수 있게 된다. 소통의 길이 열리는 것이다.

자동차의 키를 보여주면서 "학교에 갑니다"라고 말하고 학교로 데리고 간다. 이 행동을 반복하면 아이는 학교에 간다는 것을 이해하고 안정을 찾는다. 다른 행동이 끼어들어서는 안 된다. 잠깐 쇼핑하러 가게에 들르는 식의 불규칙적인 행동은 아이의 인지를 엉망으로 만들 수 있기 때문이다.

이런 내용을 가르쳐준 사람이 앞서 언급한 히라오카 씨다. '말'과 '행동'을 포착하기 어려우니 뇌에 새겨넣는 것이다. 유의해야 할 점은 '말'과 '행동' 자체를 간소화하는 것과 규칙화해서 주위 사람들이 지켜야 한다는 것이다.

어려운가? 아니, 사랑으로 마음을 열고자 자폐아를 위협하고 성과가 없다는 딜레마에 빠지는 것에 비하면 훨씬 간단한 지름길이다.

조기치료 교육만은 반드시

　미국에서 시행하는 자폐아 조기치료 교육프로그램(Early Start Denver Model, ESDM)에 대해 소개하고자 한다. ESDM은 2살 전에 시작해 5살에 종료하는 교육프로그램이다. 이 프로그램의 시행자는 자폐아에 대해 일부러 과장된 태도를 보인다.

　예를 들면 자폐아들에게 2살배기도 할 수 있는 간단한 놀이를 시킨다. 그 성과가 눈에 보이는 놀이다. 아이가 성과를 올렸을 때, 시행자는 크게 탄성을 지르며 칭찬한다. 이로써 아이는 자신의 행위가 주위에 영향을 미친다는 사실을 인지하고, 또한 사회가 상호작용으로 이루어져 있음을 알게 된다.

　감지하는 힘이 너무 강해 과민한 자폐아에게 (감정을 수반한) 과장된 태도를 보여주는 것은 본래 금지되어 있는데, 놀랍게도 6살 미만의 아이에게서는 성과를 보인다. 6살 이상의 자폐아에게는 앞서 말한 대로 '과장된 태도'는 겁을 유발할 뿐이어서 프로그램은 엄격하게 5살에 종료된다. 늦어도 2살 전에 시작하지 않으면 효과가 없기(역시 겁을 유발할 뿐) 때문에 시작하는 연령 또한 중요하다.

현재 미국에서 ESDM은 자폐아의 소통 능력에 기여하는 대단히 중요한 프로그램이라고 평가받고 있다. 모든 아이들이(자폐증이라고 진단받지 않아도 부모가 의심이 든다고 생각하면) 무료로 프로그램에 참여할 수 있다. 그만큼 효과를 인정받고 있다.

그렇지만 일본에서는 자폐증의 조기발견에 그다지 힘을 기울이지 않으며, 자폐증에 대한 지식이 있는 부모가 1살 무렵에 아이의 자폐증을 의심해 전문가에게 상담을 해도 전문가가 자폐증이라고 정식으로 진단하는 경우는 대부분 3살 유아건강검진 무렵이다. 이런 상황이라면 미국에서처럼 극적인 효과를 보고 있는 프로그램은 시행할 수 없다.

확실히 갓난아기의 뇌는 개성이 표출되는 방식에 차이가 있고, 조기 발견이 어려운 것도 사실이다. 그렇지만 자폐증이 '꺼려하는 병'으로 취급받고 있는 나라에서는 '자폐증'이라고 진단받는 순간 부모가 받는 쇼크 또한 크다. 이런 여건들이 검진을 늦추는 데 영향을 주는 것은 아닐까 싶다.

자폐증은 뇌의 인식프레임의 한 종류로, 아인슈타인이나 코코 샤넬 등 꽤 많은 천재들이 소유한 뇌의 형태다. 이런 뇌에 부족하기 쉬운 사회적응력을 조기에 키워주면 극적으로 개선할 수 있다. 이 두 가지를 온 세상 사람이 인지하는 것만으로도 부모들이 받는 충격이나 전문가가 진단을 주저하는 일들은 없앨 수 있다. 이러한 사실을 자폐증이 의심되는 아이의 부모뿐만 아니라 세상 사람 모두가 아는 것은 매우 중요하다. 사회 전반에 영향을 미칠 수 있는 일이기 때문이다.

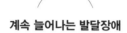

계속 늘어나는 발달장애

　미국질병통제예방센터(Centers for Disease Control and Prevention, CDC)에 따르면, 미국의 8살 아이들의 자폐증 발병률이 2002년에는 150명 중 1명이었는데, 2014년에는 59명 중 1명이라고 한다. 3배에 달하는 증가율이다. 일설에 의하면 자폐증에 대한 이해가 높아져 자각할 수 있는 부모와 아이의 수가 늘었기 때문이라고 하지만 이를 감안하더라도 '실태의 수'는 놀랍다.

　2012년 문부과학성(일본의 교육부 _옮긴이 주)의 조사에 따르면 일본에서는 초중학생 6.5%에 발달장애 가능성이 있다고 지적하고 있다. 발달장애가 장애로서의 자폐증은 아니지만, 이를 공감장애라고 본다면 이런 증상을 나타내는 아이들이 한 반에 2명꼴이라는 계산이 나온다.

　현장에서 뛰는 선생님이나 교육 상담가의 실제 경험을 들어봐도 '30년 전에는 한 학년에 1명 있을까 말까 할 정도로 소통이 이루어지지 않는 아이, 수업 중에 겉도는 아이'가 2000년 무렵부터 반에 1명 정도, 현재는 반에 2, 3명 있는 경우도 드물지 않다고 말한다. 또 지역에 따라서는 더 많다고 한다.

이 때문에 초등학교 교론(教諭, 일본 학교에 근무하는 교원 직 중 하나로, 주민교육 또는 보육을 담당했다 _옮긴이 주)이었던 내 친구는 일을 그만두었다. 초등학생들을 교육할 수 없다, 마치 유치원생 같다며 골머리를 앓다 내린 결정이었다.

사실 자폐증은 큰 문제가 아니다. 사회성이 낮아도 독자성으로 인류에 공헌할 수 있다. 티피컬(전형적인 뇌)이 주류를 이루는 사회에는 적응하기 힘든 게 사실이지만, 빨리 지원하여 개선해주면 된다.

오늘날, 오티즘(독자적인 뇌)의 수는 갈수록 늘고 있다. 오티즘이 적었던 옛 사회에서는 전형적인 집단이 오티즘을 배척하더라도 개인의 문제로 취급해버려 사회 문제로 이어지지 않았다. 그러나 수가 많아지면 그럴 수가 없다. 오티즘이 활동하기 쉬운 사회를 만들고, 동시에 전형적인 방식을 가르치는 조기치료 교육을 하지 않으면 사회가 무너질 것이다.

교육현장의 붕괴를 부르짖었던 지난 20년, 지금은 기업 사회가 무너지고 있다는 말들을 한다. 자폐증이나 발달장애의 증가와 결코 무관하지 않을 것이다.

ESDM을 뇌과학으로 가르치다

　이와 관련하여 뇌과학과 ESDM은 대단히 효과적인 수단으로 보인다. ESDM의 효과에 대해서 정리해보자. 사람의 뇌는 태어날 때 인생 최대치의 뉴런(뇌신경세포)을 가지고 있고, 성장 단계에서 극적으로 감소하는 기간이 있다. 2살 후반부터 3살까지 대뇌 뉴런이 극적으로 감소하는 대신, 뉴런 네트워크(뇌신경회로)를 늘려간다. 뇌 전체로 말하면 4살부터 6살 사이에도 같은 현상이 일어난다. 인지하기 위해 사용되는 '감각 있는 세포'인 뉴런의 수를 줄인다는 말은, '과잉 감지하는 뇌를 적정한 감도(感度)의 뇌로 바꾼다'는 의미다. 네트워크를 늘리는 것은 뇌가 몸 밖의 세계를 향한 (소통능력을 포함하여) 적응력을 올리는 것과 다름없다. 결국 사람은 2살부터 6살 사이에 '과잉 감지하는 뇌를 적정한 감도의 뇌로 바꾸어 외부적응력을 높인다'고 할 수 있겠다. ESDM은 그 기간에만 주효하다. 과잉 감지하기 쉬운 자폐아의 뇌에 일반적인 자극 이상의 과장된 '감정을 수반하는 반응'을 나타내어 상호작용의 존재를 알리고 외부로의 적응력을 키우는 것이다.

공감장애란 무엇인가

세상의 모든 현상을 자극으로 느낀다면 뇌는 '남겨야 할 뉴런'을 선정할 수 없다. 자폐아의 뇌에서는 모든 것이 자극이기 때문에, 오히려 세상이 인지할 수 없고 필요한 뉴런만 남기는 건 불가능하다. 하지만 ESDM 프로그램에 따라 보다 커다란 자극을 주어서 필요한 뉴런을 선별하고 적정한 인식프레임을 만들 수 있다. 이 프로그램으로 자폐를 가진 5살 이전 아이들에게 사회적응에 필요한 인식프레임을 만들어줄 수 있는 것이다!

뇌의 기능면에서 살펴보면 건강한 상태의 뇌 또한 이 시기에는 이러한 방식으로 제대로 보살펴주는 것이 중요하다. 부모는 아이에게 관심을 쏟고 수유 중에는 아이를 바라보고, 그림책을 읽거나 유치한 질문에도 답해주길 바란다. "무지개는 왜 일곱 가지 색이야?"라는 아이의 질문에 대답하기 어렵다면 "그러게. 정말 이상하네. 엄마도 모르겠어. 네가 언젠가 알게 되면 엄마에게도 가르쳐 줘"라고 하면 된다.

앞서 이야기한 히라오카 씨는 이제 성인이 된 아들과 같이 보내는 주말을 매우 소중하게 여기고 있다. "옆에 있으면 깨끗한 마음으로 가득 차요. 세상의 잡음이 모두 사라지고 마음이 재설정되는 느낌이에요"라고 말한다.

그들과 함께 있으면 섬세한 의식의 문이 열리고 평온이

자리한다. 자폐증이 있는 아이의 뇌는 주위를 맑게 하고 평온하게 하는 생각 물결의 발원지임에 틀림없다. 섬세한 의식이 평소 우리가 보지 못하는 것에 반응하고, 영감을 주어 우리를 도울 수 있는 가능성도 열려 있다. 이 사회가 이런 순수한 영혼을 품을 수 있는 성숙한 사회가 되길 진심으로 희망한다.

어느 날 히라오카 씨가 이렇게 말했다. "말을 하지 못해 의사소통이 너무 힘들어요. 그렇지만 우리 아이는 발달장애가 중증이고 장애아로 인정받아 일찌감치 사회지원체제의 도움을 받을 수 있었지요. 부모의 각오도 남달라지고요. 그러니 어쩌면 경계선에 있거나 아슬아슬하게 통과한 아이의 부모들은 걱정과 당혹감이 더 심각할지도 몰라요"라고.

'아슬아슬한 경계' 위에서

　내 친구의 딸은 평범하게 중학교에 다니고 있다. 성적도 나쁘지 않고 운동도 잘한다. 손재주는 놀라울 정도로 뛰어나다. 그러나 인사를 할 줄 모른다. 어른이 물어보는 질문에 거의 대답하지 않는다. 반항하는 것은 아니다. 이해만 되면 엄마의 명령을 끝까지 지킨다. 그렇게까지 철저하게 지키지 않아도 괜찮다며 말릴 때까지.

　아이는 마음을 열었던 상대에게만 고개를 끄덕인다. 상대방을 승인했음을 알려주는 미소도 없다. 웃거나 궁금해하는 표정을 짓는 일이 없고, 보통 여자아이의 '대화습관'이 극단적으로 적다. 눈을 피하는가 싶다가도 무언가에 눈을 마주치면 고정하고 떼지 않는다.

　이런 태도가 거슬리지 않는 사람의 입장에서 본다면 개성적이고 시크한 매력으로 느껴진다. 나도 그다지 신경 쓰이지 않았다. 함께 있던 가족 구성원이 항상 재빠르게 기분을 대변해주었기 때문에 그녀의 목소리를 들은 적이 없어도 불편하지 않았던 것이다.

그 아이에 대해서 진지하게 생각하기 시작한 것은 내 친구가 "최근 딸아이 때문에 열불이 나서 견딜 수가 없어. 이젠 두 손을 들었어"라며 괴로운 속내를 드러내었기 때문이다. 아이는 눈을 피하고 대답도 하지 않는다. 이쪽을 바라보라고 하면 똑바로 정면을 노려보는데 표정 변화도 없다. 질문에 진지하게 응하지 않는다. 원래 그런 아이라고 이해하려고 해도 견딜 수 없는 날이 있다며 토로한 것이다.

찬찬히 들어보니 어렸을 때부터 소통이 되지 않는 아이를 대신해 2살 위의 언니가 여동생의 감정을 대변하고, 어른들의 말을 '통역'해왔다고 한다. 초등학교 시절에는 자신의 반에 있지 않고 수업 중에도 언니 반에서 지냈다고 한다. 아이 입장에서 언니는 사회와의 연결고리였을 것이다. 담당교사가 그런 행동을 허락했다는 것은 아이가 상당히 특이하게 보였기 때문이라고 생각한다. 도저히 두 사람을 떼어놓을 수 없었음에 틀림없다. 머지않아 학교 측이 둘을 떼어놓으려고 시도했을 때에는 체육관을 열쇠로 잠그고 몇 시간이나 틀어박혀 나오지 않았다고 하니, 상황이 상당히 심각했다. 그러나 태평한 시골 초등학교에서 일어난 일이었고 낙천적인 성향인 그녀의 엄마는 (내게 고민이라고 토로하긴 했지만) 개성적인 아이라며 평범하게 대응했다. 결과적으로 잘된 일이었다. 실제로 아이는 학교에 즐겁게 다니고 있고, 자신의 입지를 단단히 하고 있다.

그녀의 엄마도 지금은 아이가 가진 뇌의 개성을 깊이 이해해서 '애처로운 아이' '늠름하고 멋진 아이'라고 표현한다. 다만 그녀가 맞이해야 할 사회와의 전쟁은 이제부터 시작이다.

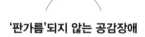

'판가름'되지 않는 공감장애

그녀는 중증 자폐아처럼 미러 뉴런이 전혀 작동하지 않는 것은 아니다. 말을 이해하고 책도 읽는다. 관공서도 병원도 학교도 그 아이를 장애라고 판정하지 않는다.

그러나 미러 뉴런이 제대로 작동하지 않고 공감능력이 현저하게 낮기 때문에, 상대방의 의도나 사정을 고려하지 못한다. '인사에 답하지 않는 것' '눈을 피하는 것' '수긍하지 못하는 것' 등의 행동이 얼마나 상대방을 불쾌하게 만드는지 알지 못한다. 더 나아가서는 상대방의 사정이나 감정을 이해하지 못한다. 자신의 감정도 알기 어렵고 어떻게 말로 표현할 수 있는지도 알지 못한다.

'행동 공감'도 어렵다. 모두 함께 웃으며 사진을 찍는 일은 할 수 없다. 공감장애를 가진 사람은 그녀처럼 단체사진을 극단적으로 꺼려하는 경우가 많다. 또 다른 사람과 함께 걸어갈 때, '그냥 무리지어 가는' 것이 불가능해 무리에서 떨어져 걷는다. 안타깝지만 어른들의 사회 속에서 이런 타입은 눈에 거슬린다.

지금까지는 어른이나 선배에게 기대지 않는 중학생이라며 멋지다고 말해주는 친구나 좋아해주는 후배가 있어서 아이에게 학교가 마음의 안정감을 주는 것처럼 보인다. 한시름 놓을 수 있다. 그러나 반항이 멋있게 느껴지는 나이를 지나 성숙한 인간관계를 요구하는 사회 속에서는 불협화음이 불가피하고, 소중한 친구들과의 충돌도 머지않아 경험하게 될 것이다. 상급학교나 직장 등의 인간관계에서 지금처럼 무사할 거라고는 도저히 생각할 수 없다. 아이가 더 자라면 그것을 스스로 극복하며 살아가야 한다.

'자폐아'라고 진단받지 않았는데 공감장애를 가진 아이. 어쩌면 이 아이들이 세상을 살아가기가 가장 힘겨울지 모르겠다. 일본은 미국처럼 '대답도 하지 않고 눈도 마주치지 않는 아이들'이 어린이 방송 캐릭터로 등장하는 나라가 아니다. 그녀가 가는 길은 평탄하지 않을 것이다. 하지만 이 개성적인 뇌만이 할 수 있는 일이 분명 있다. 그녀의 경우 이런 뇌의 경향 덕분에 놀라울 만큼 섬세한 수작업을 해낸다. 살아가면서 이런 그녀의 독특한 소통 스타일을 이해해주는 사람을 만난다면 그 인연은 매우 단단해 좀처럼 무너지지 않을 것이다.

자폐스펙트럼

장애로서의 자폐증만을 자폐증이라고 부른다면 자폐스펙트럼인 아이들을 구할 수 없다. 미국이 오티즘에게 설 자리를 준 것은, 오티즘을 장애가 아닌 뇌의 개성으로 받아들였기 때문이었다. 미국에서는 '오티즘(독자적인 뇌)인 사람들 가운데 사회생활이 곤란해서 지원이 필요한 이들이 있다'고 파악하는 방식으로 중증 자폐아를 본다. 주위 사람들의 이해심에 따라 자립할 수 있는 오티즘을 되도록 늘리려는 것이다.

한편 일본은 자폐증이라는 단어에 갇혀버리고 말았다. 중증 자폐증이 아니면 심신 장애가 없는 사람으로, 심신 장애가 없다면 남들과 똑같이 살아가라고 말하는 것처럼. 그래서 일본에서는 미국의 오티즘 사고방식에 견주기 위해 '자폐스펙트럼'이라는 말을 최근 사용하게 되었다.

자폐스펙트럼이란 단어를 사용하는 이유는 자폐증에는 중증부터 경증까지 다양한 색조가 있고 빛스펙트럼과 닮았기 때문이라고 한다. 경증부터 중증까지 다양한 자폐증의 증상을 '사람 제각각'의 개성으로 인정하자는 것이다.

공감장애란 무엇인가

그렇지만 나는 '자폐스펙트럼'이라는 명칭에 합격점을 주지는 못하겠다. 오티즘(독자적인 뇌)이라는 표현에는 꺼림칙함이 한 톨도 없다. 엘리트나 '붙임성 있는 멋진 사람'이라는 느낌은 적을지 모르지만, 이 표현은 천재도 '시대의 총아'도 아우른다. 나 자신이 오티즘이라고 깨달았을 때 무언가 특별한 느낌이 들었고 약간은 기뻤다. 물론 과거 좋지 않았던 모습이 떠올라 너무나도 부끄러웠지만.

자폐스펙트럼이라는 용어는 자폐증이라는 개념을 심신장애가 없는 사람의 영역까지 어떻게 해서든 끌고 왔지만, 부정적인 이미지 또한 끌어안고 있다. '자폐'의 부정적 이미지를 불식시키지 못했다. 자폐증처럼 부정적인 의미가 따라온다면 부모들은 아이에게 이 이름을 붙이는 것이 무서울 것이다. "당신의 아이는 자폐스펙트럼입니다"라는 말을 듣고 쇼크를 받았다는 부모와 상담한 적도 있다.

"저도 자폐스펙트럼이에요." 이렇게 말하면 모두 깜짝 놀란다. 사실 자폐스펙트럼이라는 말은 상당히 개성적이라는 말과 다르지 않다. 결국은 공감장애가 있는지 없는지가 문제다. 공감장애라고 평가받은 아이라면 사회적응성을 높이려는 노력이 필요하다. 단지 그뿐이다. 두려울 것은 없다.

공감장애가 있어도 사교적일 수 있다

앞서 이야기한 중학생의 어머니는 내 친구로, '시작하며'(5쪽)에 등장했던 엘리베이터 버튼을 잘 누르지 못했던 직원이기도 하다. 그러니 엄마 쪽도 공감장애를 가진 사람이다. 엄마는 공감장애가 있지만 밝고 사교적이다. 성격이 명랑하며 한없이 긍정적이다. 누구라도 차별하지 않고 친구를 사귄다. 그녀의 호기심에 휩쓸려 많은 사람이 희망을 꿈꾼다. 공감장애가 있는데 허물이 없고 주변의 반응을 무시할 수 있는 강인함이 있다. 상대방이 다소 경계해도 주눅 들지 않는다. 예약 취소 등 일반적으로 걸기 힘든 전화도 주저하지 않는다. 분위기를 고조시키는 데 특출난 재능을 가진 직원으로, 회사의 보물이다. 아무리 가혹한 일정이라도 그녀는 웃으면서 극복해낸다.

공감장애이기 때문에 가끔은 상식을 벗어나는 행동을 하곤 하지만('풋콩을 좀 사다줄래?' 하고 잔돈이 없어서 오천 엔 지폐를 건넸더니, 그 돈 전부를 썼다든지), 같은 잘못을 반복하지는 않는다. '이렇게 해주면 좋겠다'고 전하면 한 번 기억한 것은 잊지 않는다. 주위 사람에게 간혹 저지르는 '사고'

를 웃음으로 바꿀 여유만 있다면, 그녀의 실력은 점차 빛을 발할 것이다.

그 반짝임에 비하면 '시작하며'에서 이야기한 엘리베이터 버튼 같은 것은 아무래도 상관없을 정도로 하찮다. 지금은 서로 다른 업무를 하고 있지만 언젠가 다시 함께 일하고 싶을 정도로 나는 그녀를 높이 평가한다.

다만 그녀가 안됐다고 생각하는 이유는 일본의 기업사회가 간혹 생기는 '사고'를 허락하지 않기 때문이다. '상식이 없다'고 여겨져 경계 대상이 되고 외면당하기 십상이다. 그런 대우를 받는 그녀를 보면 매우 안타깝다.

그녀의 경우, 공감장애가 자신의 딸과는 다른 양상으로 나타난다. 그녀의 공감장애는 '남의 반응을 일일이 신경 쓰지 않고 내 갈 길을 간다'는 쪽으로 활용되고 있다. 사교적인 사람으로서 활약도 대단하다. '간혹 저지르는 착각도 애교'로 받아들일 수 있는 사회라면 출세도 가능할 것이다. 더구나 놀라울 정도로 일처리가 빠르고 머리가 좋다.

단지 (나중에 언급하겠지만) ADHD이기 때문에 집중력이 부족한 부분이 있고 학업 성적은 좋지 않았던 것 같다. 엘리트의 길을 가기에는 약간의 난관이 있다. 그럼에도 불구하고 종종 홈런을 날린다. 이런 개성이 강한 뇌를 제대로 활용할 수 있는 사회가 만들어지지 않는다면 그 사회는 진정으로 성숙한 사회라고 말할 수 없다. 그래서 그녀(사교적인 성격의 공감장애)와 그녀의 딸(나이브한 공감장애)을 위해 자폐증에 대해 공부하기 시작한 것이다.

그런데 공부를 지속해감에 따라 자폐증 한복판에 서 있는 사람은 나 자신이었고, 그녀들은 그 자리에 없음을 알게 됐다. 정리하면 공감장애에는 자폐증 타입과 비자폐증 타입이 있다. 지금 관심을 가져야 하는 타입은 아마도 후자일 것이다.

내가 자폐증이라니?

　내가 자폐스펙트럼이라는 사실을 알았던 것은 자폐증학회 회의장에서였다. 자폐증 판정을 위해 다양한 방법을 소개받고 있었는데, 모든 테스트에서 내가 완전한 자폐증 타입임을 가리키고 있었다.

　발표자가 유명한 일러스트를 보여주었는데 중세 유럽의 나그네를 그린 선화(線畵)였다. 숲속 나무에는 다람쥐가 달리고 작은 새가 앉아 있고 하초 속에는 토끼가 얼굴을 내밀고 있다. 나그네는 씩씩하게 오솔길을 간다. 그림형제 동화의 삽화 같은 그런 그림이었다.

　나는 그림을 본 순간 '동화 삽화인가? 무슨 이야기일까' 하고 생각하는 동시에 여러 '물음표'에 주목했다. '왜 나그네 무릎이 이렇지? 이거 컵 모양이잖아. 어째서?' 여기에 신경이 쓰여 전체를 바라볼 수 없었다. 이미 어떤 이야기의 삽화일까 하는 궁금증은 사라지고 없었다. 그러다 모자가 편수냄비인 게 눈에 들어오고 말았다.

그림을 보여준 발표자는 이렇게 설명했다. "실은 이 그림 속에는 숨겨진 그림이 있습니다. 피실험자에게 이 그림을 보여주고 어떤 거라도 좋으니까 감상을 이야기해 달라고 말하면, 전형적인 사람은 그림 내용에 대해서 이야기합니다. '숲속을 걷는 나그네네요' '즐거워 보여요' 등등. 그러나 오티즘인 사람은 그림 속에 숨겨둔 장치에만 신경 쓰고 그것에 대해 점점 열을 올려 말합니다. 디테일한 부분이 신경 쓰여 전체성을 잃어버리는 경향이 있기 때문입니다."

나는 '아니? 이렇게 노골적으로 숨긴 그림은 누구라도 알아차릴 거예요.' 하고 대꾸할 뻔했다.

그다음 발표자는 개별 일러스트를 10컷쯤 보여준 뒤, 본 그림을 띄웠다. 일러스트를 몇 초 바라본 뒤, 원래 그림에 눈을 돌렸더니 하나를 빼고 전부 눈에 확 들어왔다. 찾으려고 애쓸 새도 없이.

'이거 무슨 테스트야? 숨은 그림 찾기치곤 너무 쉬운데.' 이렇게 생각하면서 옆 좌석 친구들에게 말을 걸려고 했더니 친구들은 "이런, 못 찾았어" 하고 말한다. 그러고는 "찾은 건 이것밖에 없어." "나도~" 하면서 가리켰던 것이 내가 아무리해도 찾을 수 없었던 그 하나였다.

분명히 인식프레임의 상태가 다른 것이다. 마치 '오빠만

세'와 'All by myself'처럼.

다른 판정 프로그램에서도 "오티즘은 이렇게 대답하지요" 하고 발표자가 말하자 회의장의 대다수를 차지한 전형적인 사람들이 쿡쿡거리며 웃었다. 그들을 웃게 만든 대답이 바로 내 머릿속에서 순식간에 떠오른 답변이었다.

잎을 보고 숲을 보지 못한다

스스로 '디테일에 얽매여 전체를 잃어버리는 경우가 있는' 뇌를 가진 사람이라고 이해했더니 지금까지 살아온 삶의 다양한 장면이 차례차례 떠올랐다. 신입 시절, 선배의 설명을 제대로 알아듣지 못해 참지 못하고 질문하면 "지금은 그 이야기가 아니잖아. 나중에 해"라는 꾸지람을 자주 들었다. 동료들이 "전체 내용을 파악하게 잠자코 있어 봐"라고 말하는 경우도 있었다.

모르긴 몰라도 '숲 이야기'를 파악하려고 하는 사람들에게 "어째서 무릎 아플리케가 컵 모양이야? 응?" 하고 흥분해서 물어본 것과 같은 상황이었을 것이다. 나무를 보느라 숲을 보지 못하는 정도가 아니라, 잎을 보느라 숲을 보지 못하는 형국이다. 질문도 자주 무시당했다. 여러 명의 멤버가 똑같은 내용을 듣고 함께 작업을 시작했는데 나는 무엇부터 시작하면 좋을지 모르겠다는 말을 수없이 했다. 가만히 생각해보니 예전 선배나 동료들은 나를 잘 참아준 것 같다.

내가 문제아였어?

어머니 말씀에 따르면 내가 초등학교 1학년 때, 시험문제 모든 답안에 동그라미가 그려져 있었는데 35점이라고 적힌 시험지를 들고 귀가했다고 한다. 엄마가 선생님에게 이유를 여쭈었더니 '이호코가 시험을 재빨리 끝내고서는 실내화를 신은 채 의자 위에 올라가더니, 칠판을 등지고 책상 위에 걸터앉아 무릎 위에 팔꿈치를 올리고, 뒷자리 친구의 답안지를 들여다보고 있었다'는 것이다. 이런 행동 때문에 65점을 깎았다고 하면서. 문제아가 아니고서 이런 행동을 누가 할까!

초등학교 3학년 때에는 지역소녀합창단 입단시험을 치러 갔는데, 이런 말을 듣고 불합격했다. "이건 음악 이전의 문제입니다. 어떤 식으로 아이를 키웠기에 아이 상태가 이럴 수 있죠?"

나는 합창단에서 시키는 대로 할 셈이었기 때문에 마른 하늘에 날벼락이었다. 엄마도 잔뜩 성을 내서, 무슨 오해가 있었나 보다 생각했지만, 나 자신을 알고 나니 내가 무슨 짓을 한 게 틀림없다는 생각이 든다.

그러고 보니 30대 중반쯤 초등학교 동창생들을 오랜만에 만났을 때 "너 정신 차렸구나" 하는 말을 들은 적이 있다. 어리둥절해하는 나에게 두 친구가 한 목소리로 말했다. "너는 늘 멍해 있어서 수업이 끝났다는 사실도 몰랐어. 우리가 종쳤다고 얘기하면 '에~' 같은 이상한 말이나 하고 그대로 집으로 가려고 해서, 우리가 책가방에 교과서를 넣어 등에 메어줬잖아. 기억 안 나?"

　　기억날 리 없다. 멍하니 있었는지도 몰랐다. 상당히 영리한 소녀였다고 믿고 있었는데! 인생의 전반부를 생각해보면 온몸이 오그라드는 것 같다.

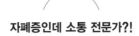

자폐증인데 소통 전문가?!

나는 현재, 일본에서 남녀 뇌에 관한 소통의 일인자라고 불린다. 과학으로 소통을 다루고 이과계열의 남성도 이해할 수 있는 여성론(女性論)을 전개하고, 내가 쓴 책들은 (내 입으로 말하는 것도 뭣하지만) "지금까지 몰랐던 사실을 이제야 알게 되었다. 유익한 내용으로 가득하다"는 평을 받고 있다. 만일 내가 소통 전문가가 되었다면 그것은 필시 소통에 대한 선천적 재능이 전혀 없었기 때문일 것이다. 인식프레임이 남들과 너무나도 다르기 때문에, 그것을 바로잡는 일이 내 인생의 배움이 된 게 분명하다.

나에게 재주가 있다면 인식프레임을 구성하는 인식요소가 남들보다 많았던 덕분 아닐까 싶다. 나는 다른 사람들이 '문제될 게 없다'고 지나쳐버리는 일에 '어떻게 이런 색이 나오지? 어째서 길이가 이렇지? 왜 이런 타이밍이? 왜 사용법이 여럿인 거야?' 하며 하나하나 신경을 쓰는 아이였다. 다행히 엄마는 나의 이런 질문공세를 꺼리지 않았다. 함께 질문을 즐겼다. 그 덕분에 풍부한 인식요소가 소중히 보존될 수 있었다. 인식요소가 많아서 그것을 연결해 구성하는 인식프레임을 유연하게 바로잡을 수 있었던 것 같다.

　어쩌면 물리학을 이수했기 때문에 '상식 밖의 방법' '발상의 대범한 전개방식'을 뇌가 점유한 부분도 있을지 모른다. 여하튼 물리학의 세계는 '발상을 완전히 바꾸는 일'의 연속이다. 예를 들면 부력을 '물건에는 떠오르는 힘이 있다'고 가르치는 한편, '액체에는 사물을 밀어 올리는 힘이 있다'고 가르친다. 시간이 상대적이라고 가르치는 상대성이론이나 소립자 물리학의 세계에도 머리가 뒤집힐 것 같은 전개가 무수하다.

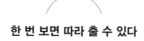

한 번 보면 따라 출 수 있다

무엇보다 다행히 나는 태도에 대한 공감력이 높다. 19살, 생애 처음으로 스텝을 밟았을 때부터 내 특기는 춤이었다. '보면 출 수 있는' 재능이 있었다. 미러 뉴런이 아주 잘 작용하는 바람에 사람의 몸짓에 대한 반응이 뛰어난 편이다. 젊었을 때는 한 번 본 안무는 거의 다 재현할 수 있었다. 한 번 들은 대화도 테이프에 녹음된 것처럼 재현했더니 다들 놀라워했다.

또한 눈앞에 있는 사람의 감정에 쉽게 동화되어, 슬퍼하는 사람이 있으면 나도 크게 슬퍼진다. 할머니는 내게 "의사와 변호사만큼은 (되어서는) 안 된다. 사람의 추한 면만 보고 살도록 해서는 안 된다"고 충고한 적이 있을 정도다. 이 말은 할아버지가 남긴 말씀이었다. '내 피를 이을 놈은'이라는 말을 맨 앞에 붙여서. 그러고 보니 할아버지도 공감력이 높은 오티즘이었을 것이라는 생각이 든다.

나는 내가 가진 공감력으로 소통의 부적합함을 간파하고 비로잡는 방법을 꿰뚫어본다. 내 뇌를 분류하다면 상당히 미세한 착안점을 가지고 있고, 공감력이 높은 오티즘이 될 것이다.

결국 모든 오티즘(자폐스펙트럼)이 공감장애를 지녔다고 보기에는 무리가 있다.

미러 뉴런 활성이 과한 자폐아

사회에는 '자폐증=공감장애'라는 공식이 스며들어 있다. 장애로서의 자폐증은 확실히 그렇다고 할 수 있겠다. 선천적으로 미러 뉴런이 제대로 작동하지 않고, 생애 처음 인식 프레임을 만들어내는 시기에 생성할 수 없다면, 언어조차 습득할 수 없는 중증 자폐아가 된다. 그러나 한편으로는 나처럼 공감력이 과한 오티즘도 있다. 이것은 어떤 모순일까?

아니! 모순 같은 게 아니다. 자폐아는 미러 뉴런의 불활성이 아니라 미러 뉴런의 과활성 상태이기 때문이다! 미러 뉴런이 지나치게 활성화되어 제대로 작동하지 않는 경우 즉, 미세한 정보를 너무 많이 수집하기 때문에 한순간의 판단에 사용할 수 있는 적정한 인식프레임 생성에 실패한 사례가 아닐까.

결국 미러 뉴런을 기축으로 본다면 자폐증의 정의는 보다 명확해진다. 정리하자면 이렇다. 사람의 뇌에는 미러 뉴런이라는 세포가 있다. 세상의 현상을 뇌에 비춰주는 거울이다. 미러 뉴런은 알맞게 움직이고 적당하게 세상을 비춰

줄 필요가 있다. '자신에게 필요한 것만'을 눈앞의 현상에서 요령껏 포착하기 위해서.

미러 뉴런이 보다 활성화되면 사회의 대수롭지 않은 일이 늘 신경 쓰이고, 전체를 얼른 포착하기가 어려워진다. 그러나 새로운 것을 볼 수 있는 뇌라는 사실은 틀림없다. 천재도 괴짜도 시대의 총아도 문제아도 이 범주에 많다.

미러 뉴런이 과도하게 활성화되면 모든 사회현상이 뇌에 비쳐 괴로워 견딜 수가 없다. 중증의 경우, 주위 사람들의 '말'이나 '태도'를 파악하지 못하고 소통하지 못해 지적 발달장애가 동반되기도 한다.

미러 뉴런의 활성 정도는 인식할 수 없기 때문에 당연히 자폐증의 증상도 인식 없이 나타난다. 미러 뉴런의 활성 정도와 사회의 포용력에 따라 병명을 붙일 수 있는 범위가 다르다.

기억의 '정지 영상'

나는 과활성되는 미러 뉴런으로 보통사람보다 많은 착안점을 파악하는 것 같다. 그래서 타인의 몸짓을 자연스럽게 흉내 내고 보기만 했는데 스텝을 밟을 수 있다. 기억 속 '정지 영상'도 검색할 수 있다. 학생시절 수업시간의 판서를 떠올리고 그 부분을 읽는 것도 가능하다. 지금도 물건을 찾을 때, 뇌 속에 존재하는 '기억의 선반'을 바라보는 경우가 있다. 아마도 어린 시절 한때 장애로 평가받는 자폐증과 거의 흡사하고 그 차이는 종이 한 장 정도였을 것이다.

많은 착안점에 휩싸여 말을 인식할 수 없는 증상과 내 감각방식이 전혀 다르다고는 생각되지 않는다. 진짜 조금이라도 지금보다 착안점이 많았다면 나는 넘쳐나는 이미지를 연결하지 못했을 것이다. 그런 위기에 사로잡힌 경우가 어릴 적 몇 번이나 있었다. 색과 소리의 홍수였다. 아마도 실제로 넘쳐버린 적도 분명 있을 것이다. 그 일례가 초등학교 때 '멍하니' 있었던 때의 일 아니었나 싶다.

자폐증에 대해서 이러한 이해가 있고, '미러 뉴런이 과활성되는 뇌를 어떻게 하면 좋은가(과민한 뇌를 위협하지 않고 지내게 해주려면 어떻게 해야 하는가)'를 사회 전체가 추구한다면, 사회의 포용력은 틀림없이 높아질 것이다. 과활성되는 미러 뉴런을 억제하는 방법을 찾아내면 경증 자폐를 지닌 이들은 스스로 조절할 수 있을 것이다. 미러 뉴런 과잉을 억제하는 치료법을 개발하면 더없이 좋겠다.

미러 뉴런에서 자폐증을 고려한다는 것은 의외로 대단한 발견이 아닐까? 아니, 의학계에서는 이미 그렇게 파악해 연구를 진행하고 있을지도 모른다. 내가 찾았던 자폐증 관련 자료 중에 없었을 뿐일지도.

더구나 여기에서 이야기한 내용은 뇌의 기능성이라는 견지에서 자폐증을 봤을 때의 '모습'이다. 즉, 사고(思考)의 실험이다. 아직 의학적으로 증명되지 않았지만, 이런 관점에서 보면 도움이 되는 사람이 분명히 있을 것이다. 자폐아의 부모들이 내 아이가 '마음을 닫고 있는 게 아니라, 뇌의 거울에 비치는 것이 너무 많아서 선택할 수 없는 상태'임을 파악해 '증상의 연장선에 개성파의 뇌, 가끔은 천재의 뇌가 있다'는 것을 알았으면 한다.

공감장애란 무엇인가

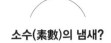

소수(素數)의 냄새?

미러 뉴런이 과활성되는 자폐스펙트럼의 뇌를 가진 사람이 이과계에 많다고 들었다. 수와 뇌의 관계가 보다 풍부하기 때문 아닐까. 살아가는 데 직접적인 도움이 되지 않아 전형적인 뇌가 버린 감각 중 수에 대한 것이 있을지 모른다.

자폐스펙트럼인 나는 어릴 때부터 소수의 냄새를 맡거나 촉감을 느끼곤 했다. '7은 녹색 물감 냄새'라고 생각하는 식이다. 초등학생 때 그림 도구함에 들어 있던 초록색 수채화 물감의 냄새다.

순간적으로 소수와 이해하지 못하는 커다란 수의 냄새를 느끼고 비교해보면 반드시 소수였다. 모든 소수에서 냄새가 느껴지는 것은 아니다. 3이나 5는 느낄 수 없었다. 11은 다른 냄새다. 그 이상의 큰 소수에서는 냄새인지 촉감인지 알 수 없는 미묘한 차이를 느낀다. 왠지 모르겠지만 17이나 19 등 10자리 후반의 소수에서는 유난히 독특한 감각을 느끼곤 했다.

나에게는 너무나도 당연한 일이라 다른 사람에게 말한

적이 없었다. "바나나는 바나나 냄새가 나지요"와 같은 의미였으니까.

아들이 중학생 때였다. 어느 날 함께 미술관에 가서 그림을 보는데, 그 녀석이 "이 화가에게는 10번대 후반의 소수 냄새가 나네요. 17이나 19"라고 말해 "아, 정말 그렇네!" 하고 함께 감동한 적이 있다.

소수의 냄새 이야기를 아들에게 한 적도 없는데 '10번대 후반의 소수'로 파악하다니, 역시 내 아들이구나 싶어서 친구에게 이야기했더니 "뭐야, 그게?"라고 반문하는 거다. "애초에 소수 냄새라는 게 뭐야?" 하고 말이다.

소수의 냄새를 못 맡는 사람이 있다는 것을 그때 처음 알았다. 그 시점에 우리 모자가 자폐스펙트럼이라는 사실을 의심해봤어야 했다. 그랬다면 조금 더 요령 있게 살아갈 수 있었을지도 모르는데!

ADHD는 자폐증과 반대

공감장애에 대해 좀 더 이야기해보자. 공감장애는 미러뉴런 과활성(자폐아)에만 나타나는 것은 아니다. 앞서 이야기한 내 부하직원이었던 여성은 ADHD(주의력 결핍 및 과잉행동 장애)이다. 정확하게 말하면 ADHD 때문에 공감장애에 속해 있다. ADHD는 자폐증과 많이 닮은 소통장애를 보이기 때문에 자폐증과 함께 언급되는 경우가 많지만, 미러뉴런을 기축으로 생각하면 실은 정반대 증상이라고 할 수 있다.

ADHD는 노르아드레날린 결핍으로 나타나는 극단적인 주의력 산만 상태다. 노르아드레날린은 집중력이나 주의력을 만들어내는 뇌내 호르몬이다. 주의력이 산만하기 때문에 주변 가지각색의 요소가 반짝반짝 눈에 들어오지만, 정보의 연관성을 알아내는 능력이 낮다. 인식프레임이 하나하나 단순한 대신 그 수가 많은 것이 특징이다. '무책임'하게 인식프레임을 많이 만들어내는 형태다. 주위 정보가 뇌에 미세하게 들어와 연관성을 주장하기 때문에 인식프레임을 좀처럼 만들 수 없는 자폐증과는 정반대의 뇌다.

ADHD의 멋진 개성

ADHD는 인식프레임이 단순하기 때문에 주저 없이 '세계'를 파악하는 경향이 있고 판단이 민첩하다. 판단이 잘못되었을 때는 다른 인식프레임으로 재빨리 변경해 대응한다. 예를 들면 마케팅 업무의 일환으로 색을 선정해야 할때 전광석화처럼 하나의 색을 골라낸다. "검정입니다"처럼. 그런 말투는 확신 있고 상당히 멋지다. 검정은 아니라는 말을 들었을 때 "그럼 노랑? 빨강? 하양?" 이런 식으로 후닥닥 대체할 만한 의견을 제시한다.

ADHD가 아닌 사람 입장에서는 '깊게 생각하지 않는다'고 보이겠지만 당치 않다. 인식프레임이 현상을 골라내는 속도가 빠른 것일 뿐, 뇌는 제대로 감지하고 순간적이지만 '이것밖에 없다'고 판단한다. 넘쳐나는 정보 속에서 '궁금한 내용의 정보'를 재빨리 찾아내기 때문에 업무에 매우 뛰어난 뇌다. 나의 ADHD 직원은 '○○씨와 말했더니 이런 일이 있었다, 이런 것을 보았다'며 수시로 보고해준다. 업무에 많은 도움이 된다.

또 그녀는 홀딱 반할 정도로 자동차 운전에 능수능란하

다. 차선을 변경하는 타이밍이 기가 막히게 예술적이다. '지금밖에 없다'는 순간을 결코 놓치지 않는다. "어떻게 아는 거야? 차가 들어갈 빈틈 같은 건 없어 보였는데" 하고 궁금해하면 "근소한 틈이 보여요. 마음의 여유가 있는 차라고 해야 하나, 움직임이 태평하다고 해야 할까"라고 답하며 싱긋 웃는다.

군중 속에서 '수상한 사람'을 찾아내고, 어떤 일이라도 잘 해낸다. 그녀는 추리소설에 등장해 활약하는 명탐정의 조수 같다.

한편 사고의 '연관성'이 떨어지기 때문에 왜 검정을 골랐는지 물으면 "그게 눈에 보였다"고밖에 대답할 수 없다. 이런 이유로 원인과 결과를 명확하게 짚어 연결할 수 있어야 하는 컨설턴트로는 자립하기 힘들다. 직감으로 범인을 구별할 수 있어도 이치에 맞게 따져서 밝혀내는 명탐정은 되기 힘든 이유다. 그러나 자신의 개성을 자각한다면 '자신밖에 할 수 없는 전문성'을 확립할 수 있다. VIP의 심복 혹은 넘쳐나는 업무를 일사천리로 처리하기 원하는 환경에서 활약하기 좋다.

'사람의 의도'를 해석하기 어렵기 때문에 신경 쓰지 않는다. 상대가 눈썹을 찌푸리는 것 같다는 느낌을 받아도, 어떤 거북한 상황에도 주눅 들지 않고 일을 해낸다. 주위의 눈치를 보며 겁내지 않기 때문에 멋있어 보이기도 한다. 다만 사람의 의도를 상상할 수 없는 이상, 의견이 다른 사람과 이야기하고 서로 타협해야 하는 일은 해내기 어렵다. 생각대로 되지 않으면 갑자기 흥분하는 경우도 생긴다.

그림연극처럼 인식프레임을 하나하나 바꾸어 사용하기 때문에, '이게 안 된다면 이것을 이렇게 수정해보자'라는 조정이 먹히지 않는다. 모 아니면 도. 전형적인 사람 입장에서 보면 '이거 하나만 참으면 나머지 99를 얻을 수 있을 텐데'라고 생각해도 전부 내던져버리기 때문에 의견이나 생각, 사고방식이 난폭해보이는 면은 부정할 수 없다.

'사람이 행동하는 의미나 문맥'도 예측하지 못하기 때문에 다른 사람과 협동하는 일이 어렵다. '당연한' 일이 전해지지 않고, '남에게 방해가 되지 않도록 함께 걸어가는' 일도 어렵다.

내 부하직원은 파티 댄스에 서툴렀다. 발군의 운동신경을 지녔는데도 안무가 정해져 있는 댄스는 외워서 추기 때문에 정말로 훌륭하지만, 사교댄스나 아르헨티나 탱고처럼 처음 파트너가 된 남자의 리드에 맞춰서 추는 춤은 '이해할수 있는 영역 밖의 일'인 것 같았다.

뇌 속 호르몬이 뇌를 작동시킨다

우리 뇌 속에서 일어나는, 느끼는, 생각하는, 상상하는, 판단하는 등의 이벤트는 모두 신경신호, 즉 전기신호다. 전기신호를 제어하는 것이 뇌내 호르몬이다. 뇌내 호르몬이 신호를 촉진하거나 억제하거나 함으로써 뇌를 제대로 작동하게 한다.

떠오르는 아침 해를 바라보면 뇌 속에서 세로토닌이라는 뇌내 호르몬이 분비된다. 세로토닌은 뇌 전체의 전기신호를 활성화하는 뇌내신경전달물질로 상쾌하게 잠에서 깨어날 수 있게 해주는 동시에, 긍정적인 감정을 만들어내고 하루 종일 의욕이 떨어지지 않도록 지탱해준다. 천연 항우울제 또는 행복호르몬이라고도 부르는 이유다.

도파민은 호기심을 만들어내는 호르몬이다. 뇌가 무언가에 주목했다면 주목한 대상에 훨씬 강한 신호를 내보내는 호르몬으로 '이거 어떻게 이렇게 되었지?' 하는 감정을 만들어낸다.

모두 뇌가 긍정적으로 살아가기 위해 중요한 호르몬이지만, 신경신호를 촉진하는 호르몬만 있다면 ADHD(주의력결핍 및 과잉행동장애)가 되고 만다. '이거 어떻게 이렇게 되었지?' 생각하다가 '저거 어떻게 되었지?' 하다가 '저쪽은?' 하며 의식의 대상이 계속 이동하기 때문이다. 그렇기에 신경신호를 억제하는 호르몬 또한 중요하다.

노르아드레날린은 신경신호를 억제한다. 활발히 움직이기 시작한 전기신호를 멈추기 때문에 부정적이고 겁이 많은 감각을 만들어내는 '겁쟁이 호르몬'이다. 위험회피를 위해 중요한 역할을 함께 담당하고, 도파민과 짝을 이루어 긍정적인 호기심을 지속하는 역할도 한다. 도파민 효과로 하나의 신호가 깊게 들어오기 시작하면 두 번째 이후의 신호 발생을 억제해 집중력을 만들어준다.

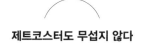

제트코스터도 무섭지 않다

앞서 말한 ADHD인 직원은 혈액검사를 통해 세로토닌이 과잉 분비된다는 사실을 알게 되었다. 그 덕분인지 늘 활기차고 긍정적이다. 해내지 못하는 일이 없다. 생각한 일을 주저 없이 극한에 이를 때까지 실행하고 만다. 예를 들면 코어 운동을 일반적인 운동량보다 몇 배에 달하는 양을 계속하다가 갈비뼈 피로로 인해 골절한 적도 있다. 원하는 것을 손에 넣을 때는 아무리 고가라도 주저하지 않는다. 만일 과소비를 해서 사회생활에 지장을 초래한다면 조증(躁症)일지도 모른다. 그러나 그녀는 자신이 쓰는 만큼 제대로 돈을 버는 사람이다.

게다가 무엇보다도 기죽는 일이 없다. 무서움 또한 없다. 제트코스터 같은 '세계최대급' 난이도에도 어떤 공포도 느끼지 못했다며 스카이다이빙밖에 없겠다는 말을 진지하게 할 정도다. 공포나 위축되는 체험을 해보고 싶은 것이다. 공원 그네에서도 충분히 겁을 먹었던 나는 상상조차 할 수 없는 일이다. 그녀의 성격을 통해 노르아드레날린 결핍임을 확실히 알 수 있다. 반면 세로토닌 호르몬의 과잉 분비로 명랑하고 긍정적인 ADHD인 것이다. 그녀처럼 매력적인 ADHD는 구심력이 있다.

한편 주의력 결핍 및 과잉행동 장애로 인해 그녀 자신이 동경하는 엘리트 코스에서 멀어져 버린 것은 부정할 수 없다. 자동차를 운전하는 중에 "여기에서 2km 정도 직진입니다"라는 안내를 들었는데 수백 미터 지나 왼쪽으로 방향지시등을 켜고 좌회전 차선으로 차를 움직이려고 한다. 왜 그러냐고 물었더니 "왼쪽 화살표를 본 순간, 문득 그쪽으로 돌려야 한다고 생각했어요"라고 답한다. 자신이 무엇을 하고 있었는지 잊어버릴 정도로 사소한 일에 정신을 쉽게 빼앗긴다. 뇌내 신경신호가 과민하게 움직이고 이를 억제하는 노르아드레날린이 분비되지 않는다. 학창시절부터 이랬다면 공부에 집중할 수 있었을 리 없다. 벼락치기가 특기였다고 한다. 이해력은 높으니 결코 머리가 나쁜 것은 아니다. 하지만 수학이나 물리학의 세계관을 이해할 수 있을 만큼 매사에 길게 집중할 수는 없다.

단기간에 결정을 보는 승부에는 누구보다 뛰어난데, 장기적인 호흡이 필요한 일의 맥락을 파악하지 못한다. '집중력이 부족하다'는 사실을 본인은 느끼지 못하기 때문에 왜 생각만큼 성적이 오르지 않는지 납득하지 못했던 것 같다.

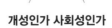

개성인가 사회성인가

ADHD의 치료법으로 노르아드레날린 투여가 상당히 장려되고 있다. 왜 노르아드레날린이 부족한지 원인을 잘 알수 없기 때문에 대증요법(對症療法, 원인 제거를 위한 직접적 치료법이 아닌 증상 완화 목적으로 하는 치료 방법 _옮긴이 주) 뿐이다. 뇌의 성장기에 노르아드레날린이 부족하면 인식프레임이 조잡해진다. 전문가들은 되도록 조기 발견과 신속한 투여를 권장한다.

그녀에게 이런 조언을 한 적이 있다.

"마흔 중반인 지금, 노르아드레날린을 복용하면 확실히 눈앞의 일에 대한 집중력은 높아지겠지. 그렇지만 지금에 와서 인식프레임이 섬세하게 변하지는 않아. 세상과의 다름을 어차피 해소할 수 없다면 지금껏 그래왔던 것처럼 신경쓰지 않는 성격으로 지내는 게 편하지 않을까? 주눅 들지 않고 겁내지 않고 성가신 일 없이 일하면서 말이야. 개성을 제대로 활용해서 살아가는 쪽이 상책 아닐까. 당신 같은 성격만이 할 수 있는 일이 분명 있어."

인식프레임이 차츰 만들어지는 15살 이전의 뇌에는 노르아드레날린 투여가 확실히 유효하다. 정신이 안정될 뿐 아니라 전형적이라고 해도 손색없는 인식프레임을 만들 수 있을 것이다. 시험 점수도 현격하게 오른다. 타인과 잘 협동하기 위한 사회성도 익힐 수 있다. 한편 '어떤 것도 무서워하지 않고, 남의 눈치도 안 보고 쿨하게 자기 욕망을 향해 가는' 개성은 사라지고 만다. 사람에게 있어서 중요한 것은 무엇일까. 개성일까, 사회성일까.

20세기에는 확실히 사회성이 승리했다. 그러나 인공지능 시대에 인간의 일이 '개성을 발휘하는 것'으로 옮겨가는 오늘날도, 사회성을 선택해야만 할까.

엘리트를 목표로 하지 않는다

ADHD인 사람들을 궁지에 몰아넣는 것은 주위 사람들보다 본인 자신인 것 같다. ADHD인 사람은 전형적인 사람보다 훨씬 단순한 승부에 신경을 쓰는 경향이 있다. 인식 프레임이 심플하기 때문에 '사회'를 파악하는 방법의 기준이 하나밖에 없다. 점수는 높을수록 좋고 수입은 많을수록 좋고 지위는 높을수록 좋고 발은 빠를수록 좋다. 예컨대 엘리트(전형적인 이상형)와는 다른 개성을 가졌으면서도 엘리트를 동경하는 셈이다.

이것이 ADHD인 사람들의 딜레마를 낳고 있는 것처럼 보인다. ADHD인 사람들은 재치가 있다. 쓸데없는 것이 눈에 들어오지 않기 때문에 누구보다도 판단이 빠르다. 벼락치기 암기가 누구보다도 뛰어나고, 빠른 판단력으로 대수롭지 않게 현장을 구하기도 한다. 마음이 흐트러지지 않는 환경만 조성되면 어떤 작업도 재빠르게 해낸다. 이들 중에는 명문대 출신인 동료보다도 훨씬 일처리가 빠른데 어떤 일인지, 스스로는 점수가 낮고 자기평가보다 훨씬 사회적 지위가 낮다고 생각하는 사람이 많아 보인다.

나와 같은 자폐스펙트럼도 엘리트를 목표로 하기는 힘들다. 수학은 아주 뛰어나지만 영어는 낙제점 가까이 받아 점수 밸런스가 극단적이다. 또는 공부는 대체로 뛰어난데 (시험점수에서는 엘리트인데) 어이없을 정도로 운동신경이 둔한 경우가 있다. 업무적으로도 그렇고 한 가지 재주는 뛰어나지만, 전형적인 입장에서 본다면 아무래도 전반적인 상식이 부족하게 느껴진다.

그러나 자폐스펙트럼의 좋은 점은 애초에 '승부'라는 개념을 잘 모르기 때문에 본인이 엘리트를 목표로 하지 않는다. 주위 사람들은 귀찮다고 생각할지도 모르지만 사회에서 내쫓지 않는 한 당사자는 의외로 안온한 삶을 살아간다.

ADHD인 사람들이 평안한 인생을 살기 위해서는 승부 의식(단순한 승부에 신경쓰는 경향)에서 벗어나야 한다. 누군가를 이기지 않아도 괜찮다고 스스로 납득하면 된다. ADHD인 뇌의 원동력은 동경이다. 그것은 멈출 수 없다. 그러나 동경해도 '나는 나'라고 생각한다면 새로운 인생의 문이 열린다. ADHD뿐만 아니라 엘리트(우수한 전형적인 사람)와는 다른 인식프레임을 탑재한 뇌를 가진 사람은 엘리트를 동경하는 데서 벗어나지 않으면 행복해질 수 없다. 만일 엘리트를 동경해 자신의 점수나 사회적 평가에 강한 불만이 있다면, 오히려 전형적인 사람과는 다른 개성을 가진 사람일지도 모른다고 생각하는 편이 좋다. 다수 속에서 최고가 되기는 어렵지만 개성파로서 존재감을 발휘할 숙명을 가진 뇌이기 때문이다. 전형적인 사람들이 정의하는 엘리트나 우등생을 처음부터 지향하지 않으면 된다.

'세상을 얕보는 것 같다'

유감스럽게도 ADHD인 사람은 세상을 얕보는 것 같다. 사물에 대한 견해가 심플하기 때문에 온 세상이 단순하게 보인다. 자신은 충분히 사회에 적응하고 있고, 최전선에서 활약할 수 있다고 믿는다. 그래서 겸손함이 결여된 것처럼 보인다.

이 책에 종종 등장하는 나의 ADHD 직원은 사교댄스를 배우기 시작한 주에 "어째서 세계 정상의 선수처럼 출 수 없는 걸까?"라며 진지하게 한탄했다. 춤추는 방법만 배우면 어느 정도까지 이를 수 있다고 진심으로 생각했던 것이다. 세계 정상인 선생님에게 "얼른 선생님처럼 출 수 있게 해주세요" 하고 몰아붙이기까지 했다.

프로 댄서를 우습게 봤다고 생각할 수도 있지만 그렇지 않다. 그녀는 남을 우습게 보는 게 아니라 그 세계가 간단하다고 생각하는 것이다. 사물을 깊게 보지 않는다는 의미가 아니다. 이런 사고방식은 절대적으로 강하다. 틀을 깨고 선구자가 될 수 있는 뛰어난 인재다. 또한 그녀의 경우 가족들만 괜찮다면, 이제 와서 노르아드레날린을 투여하는 것은 권하고 싶지 않다.

실제로는 섬세하게 인식할 수 없기 때문에 세계 정상의 선수처럼 출 수 있을 때까지의 여정이 더 오래 걸릴 것이다. 그래도 괜찮지 않을까? 죽을 때까지 춤을 배우며 인생을 즐길 수 있을 테니!

이상이 가까워 보이지만 목적지까지의 여정은 남들보다 갑절이나 길다. 대개 지쳐버리고 만다. ADHD 경향의 뇌를 가진 사람은 멈추면 그만이다. "대단치 않아 보였는데 의외로 깊이가 있어. 역시 그렇구나" 하며 가던 길을 즐기면 된다. 싫증내지 않기 때문에 다른 취미를 병행해도 좋다. '챔피언이란 게 정말 대단하다는 것을 알게 되었다'는 것만으로도 무언가를 배우는 의미가 있을 것이다.

세상을 얕보는 듯 보이는 것에 대해서는 나와 같은 자폐 스펙트럼도 조심해야 한다. 승부를 이해하지 못하기 때문에 성공을 이룬 그룹에 대한 경의가 적다. '1등'이나 '고득점'이나 '유명기업'에 놀라지 않는다. 간혹 ADHD인 사람들이 대단한 사람들을 대수롭지 않게 봤다가 나중에야 대단하다는 것을 깨닫고 놀라워하는 모습을 보이기도 하는데, 잘나가는 사람들은 그들이 놀라는 모습에 왠지 귀엽다고 느낄지도 모른다.

또한 자폐스펙트럼은 남들이 사수하고 있는 자존심의 형태도 제대로 인지하지 못하기 때문에 신경에 거슬리는 경우가 많다. 그렇지만 남들과 다른 부분에 주목해서 평가하기 때문에 '이런 건 너만 이해할 수 있다'는 말을 듣는 경우도 있다.

전형적 다시 말해 다수가 아닌 경우, 남들과 다르고 겸손함이 결여되어 있는 것처럼 보인다. 인식프레임이 심플하고 예민할지라도, 자존심과 승부로 만들어진 세계에 있을 때는 조심할 필요가 있다.

제3의 공감장애

자폐증 경향도 아니고 ADHD 경향도 아닌데, 공감장애로 보이는 사례가 있다. 단순히 미러 뉴런이 불활성되는 타입이다. ADHD처럼 거동이 화려하지도 않고, 자폐증처럼 노골적으로 외면하지도 않는다. 언뜻 보면 평범하고 성적도 나쁘지 않다. 다만 미러 뉴런의 불활성으로 인해 타인의 태도를 모방하지 못하고, 주위 사람들에게 공감하는 일이 제대로 이뤄지지 않는다. 남의 이야기에 고개를 끄덕이지 않기 때문에 업무적인 면에서는 상사로부터 "내 말 듣고 있어?" 하며 확인 받는다. 고객에게는 갑자기 "지금 나를 놀리는 거야?" "상사를 불러줘요" 등의 호통을 듣는 경우도 종종 있다.

얼핏 보기에 보통 사람과 다르다는 것을 느낀다면 그렇게까지 뭐라 하지는 않을 텐데, 대체로 일반적인 행동을 하기 때문에 오히려 상사나 고객의 빈축을 사고 만다. 스스로 돌아봐도 자신이 특이하다고 느끼지 않아 상황을 납득하지 못한다. 진지하게 듣고 있는데 왜 이런 말을 들어야 하는지 전혀 이해하지 못한다.

세로토닌 호르몬이 넘치는 의기양양한 타입이라면 '이 사람 바보인가' 생각할 것이고, 노르아드레날린 호르몬이 넘쳐나 의기소침해지기 쉬운 타입이라면 '갑질이네, 지독하군'이라고 생각해버린다.

또 선배의 태도를 통해 좀처럼 배울 수 없기 때문에 '보고 있으면 당연히 아는 것'을 알지 못한다. "왜 이런 것도 못해?" "왜 이렇게 하지 않아?"라는 꾸중을 들으면 "누구도 가르쳐주지 않았는데요?" "이렇게 하라고 언제 말씀하셨어요?" 하고 응수한다. 보통 가르쳐주지 않아도 알 수 있는 일에 이렇게 반응한다. 상대방 입장에서는 터무니없는 반항으로 느껴진다. 그렇지만 본인은 지극히 진지하다.

이런 타입은 대체로 성적이 좋다. 학생시절까지는 '쿨한 타입'이라고 평가받기도 한다. 선생님에게 아첨하지 않아 멋있게 보이기 때문이다. 그러나 사회에 나가자마자 인생이 뒤틀린다. 선배의 모습에서 배울 수 없을 뿐 아니라 수긍하지 않기 때문이다. 진지하게 이야기를 듣고 있는데, 이야기를 듣고 있냐는 말을 듣는다. '어떻게 해야 할지 모르겠다' '누구도 가르쳐주지 않았는데 하지 않는다고 나무란다. 직장 내 따돌림일지도 모른다'는 생각으로 마음이 뒤틀린다.

더구나 공감을 소통의 기축으로 여기는 여성의 뇌라면 수긍하지 못하는 사람을 그 자리에 없는 사람처럼 의식에서 지워버리고 만다. 그래서 회의 등의 자리에서 함께 모일 때 수긍하지 못하는 사람의 의견을 묻지 않는다. 무시해서가 아니라 존재감이 없다. 의도적이진 않지만 자연스럽게 점심시간에도 함께하자고 권유하지 않는다. 결국 고립된다. 상사는 '다루기 힘들다. 어떻게 하면 좋을지 모르겠다'고 고민하고, 당사자는 '이 직장은 너무 괴롭다'며 마음을 닫는다. 상사도 본인도 마냥 안쓰럽다.

당신의 부하가 그럴지도 모른다.
당신의 소중한 사람이 그럴지도 모른다.

"내 말 듣고 있어요?"라는 말에 어찌할 바를 모르는 듯 입을 다문다. "당연하잖아. 왜 이렇게 못하죠?" 하고 꾸짖으면 "아무도 말해주지 않았다"고 대꾸한다. 모든 일에 반응이 둔해서 무심결에 "할 마음이 있어?"라고 말하고 싶어진다. 이중 하나라도 해당된다면, 미러 뉴런이 불활성되는 형태의 공감장애를 의심해볼 필요가 있다.

공감장애의 정체

소통의 기본은 '개념'이다.

같은 개념을 갖고 있다면 소통은 수월하다.

예를 들면 '생명'이나 '엄마'라는 개념을 갖고 있는 사람에게 다른 언어로 생명은 Life, 엄마는 Mother라고 설명하면 수월하게 이해할 수 있다. 나아가 '생명보다 중요한 것' '여자는 약하지만 엄마는 강하다' 등의 새로운 상위 개념을 전달하는 것도 가능하다. 그러나 '생명'이나 '엄마'라는 개념이 없는 사람에게 그것을 전달하기란 어렵다.

마찬가지로 '사람과 만나면 반가운 표정과 태도로 인사한다'는 개념이 있다면 전 세계 어디서나 소통할 수 있다. 회사에 출근하면 "안녕하십니까" 하고 인사할 수 있고, 이탈리아로 여행을 가면 "Ciao!" 하고 인사할 수 있다. 또한 이탈리아에서는 인사한 다음에 'Tutto bene?'(잘 되어 가니?), 'Come stai?'(잘 지내?) 등 상대의 안부를 묻지 않으면 차갑게 느낀다는 설명을 들으면, 'Ciao! Come stai?'라는 새로운 개념을 더해 안부를 물을 수 있다.

'다른 사람과 만나면 환영하는 표정과 태도로 인사한다' 는 개념은 전 세계 민족이 가지고 있다. 외국어를 배울 때에도 맨 처음 인사하는 방법부터 배운다. 이런 태도에 수반하는 개념은 소뇌 발달의 임계기인 8살까지로 주변 사람들의 태도에 공명하면서 저절로 습득된다. 주위 사람의 태도에 공명하는 미러 뉴런이 제대로 작동하지 않는 공감장애를 가진 사람은 '태도에 수반하는 개념' 자체가 결여되어 있는 것이다. 인사를 제대로 할 수 없다, 수긍하지 못한다. 또한 약자를 보살핀다, 연장자에게 자리를 양보한다, 뒤에 사람이 들어오면 문이 닫히지 않도록 잡아준다는 등의 마음 씀씀이가 불가능하다. 보통 부모의 태도를 통해 저절로 배울 수 있는 개념인데 결여된 것이다.

인사의 개념이 다르다면 다름을 설명하면 된다. 게을러서 하지 않는 거라면 나무라는 것도 효과적이다. 그러나 인사의 개념 자체가 없는 경우에는 그런 조치가 모두 의미 없다. 어떻게 이끌어야 할지 난감해서 손도 댈 수 없다. 이것이야말로 공감장애가 지닌 진짜 문제다.

3장

공감장애와

함께 살아가다

'말이 통하지 않는다'의 정체는 너무나도 깊고 근원적이다. 왜 오늘날 공감장애가 늘어나고 있는가. 어떻게 하면 좋은가. 이번 장에서는 이 질문에 답하려 한다. 대응 방법에 대해서는 더욱 오랜 시간에 걸쳐 연구한 뒤, 모두 종합된 형태로 전해야 할지도 모른다. 하지만 계속 늘어만 가는 공감장애를 생각하면 8년 후에 이야기하자고 말할 수는 없다. 그래서 뇌과학 측면에서 현재 유효하다고 생각하는 방법을 제안해보려고 한다. 이 책을 읽고 있는 독자도 자신의 아이디어를 덧붙여 당신의 소중한 사람의 공감장애에 꼭 대응해보기를 바란다.

깊고 근원적인 공감장애의 정체

전 세계 모든 민족이 미리 계획한 적도 없고, 자연발생적으로 가지고 있으며, 지속해서 저절로 받아들인 개념, 즉 인사를 한다, 타인의 말에 공감한다, 타인에게 마음을 쓴다, 연장자를 존중한다는 등의 개념이 결여되어 있는 사람이 있다. 바로 공감장애를 가진 사람이다.

'말이 통하지 않는다'의 정체는 너무나도 깊고 근원적이다. 왜 오늘날 공감장애가 늘어나고 있는가. 어떻게 하면 좋은가.

이번 장에서는 이 질문에 답하려 한다. 대응 방법에 대해서는 더욱 오랜 시간에 걸쳐 연구한 뒤, 모두 종합된 형태로 전해야 할지도 모른다. 하지만 계속 늘어만 가는 공감장애(를 가진 사람)를 생각하면 8년 후에 이야기하자고 말할 수는 없다. 그래서 뇌과학 측면에서 현재 유효하다고 생각하는 방법을 제안해보려고 한다. 이 책을 읽고 있는 독자도 자신의 아이디어를 덧붙여 당신의 소중한 사람의 공감장애에 꼭 대응해보길 바란다.

인사 못하는 아이를 지나치지 말라

인사를 못하는 아이. 우선 이런 아이를 못 본 척하지 않기를 바란다. 인사를 제대로 하지 못하는 아이는 공감장애일 가능성이 매우 높다. 부모가 인사를 하지 않는 사람이고, 어린이집이나 유치원에 다니지 않거나, 동네에서 떨어져 아이를 키우는 특수한 형태를 제외하고, 주위 사람의 인사를 미러 뉴런으로 저절로 모방하지 못하는 경우일 수 있기 때문이다.

자발적으로 따라하지 않는다면 '행동으로 보여주고, 말로 들려주고, 시켜보고, 칭찬하는 일'을 반복해서 시행할 필요가 있다. 8살 이전이라면 인사의 개념은 예의범절로 각인시킬 수 있다. 그러나 8살이 넘으면 현격히 어려워진다. '태도를 수반하는 개념'은 소뇌가 담당한다. 소뇌에는 발달의 임계치가 있고, 이 시기가 지나면 이전까지와 같이 기능을 추가할 수 없다. 그 시기가 8살이다.

따라서 인사뿐만 아니라 다른 '태도에 수반되는 개념' 즉 남의 이야기에 수긍하고, 다른 사람을 지켜보고, 연장자에게 자리를 양보하는 등의 개념은 8살까지 익혀야 한다.

아이의 미러 뉴런이 좋지 못하다면 예의범절 교육으로 각인시켜야 한다.

인사를 못하거나 잘 수긍하지 못하거나 사람들과 마구 부딪히는(물리적으로나 대화상 모두) 등의 경향이 나타난다면 우선 8살 이전에 승부를 봐야 한다. 아이가 저절로 몸으로 익히도록 차분하게 설명하고, 함께 해보고, 확실하게 인정해줘야 한다. 그저 말로만 "인사하라고 했잖아, 왜 못하니!" 하고 꾸짖는 것은 의미가 없다. '인사'라는 개념이 확립되어 있지 않기 때문이다.

가족끼리 '안녕' '고마워'라는 말을 자주 주고받기를 바란다. 부모가 본보기가 되어 어린아이의 뇌에 인사는 즐거운 행동이라고 각인시켜주어야 한다. 무서운 얼굴로 다그치며 억지로 시키지 말고, 하지 못했을 때에도 결코 야단치지 말고, 할 수 있게 되었을 때 다정하게 미소 지어주자.

두 가지 지도법

미러 뉴런이 불활성되는 아이는 주변상황을 감지할 수 없고 '인사'라는 개념조차 제대로 확립하지 못한다. 반대로 미러 뉴런이 과활성되는 아이는 사람의 활동이나 표정의 세세한 부분까지 지나치게 정신이 팔려 인사할 기회를 잡지 못해 인사가 서툴다. 뇌 속에서 발생하는 일들은 정반대이지만 겉으로 드러나는 현상은 같다. 대처법도 기본은 같다. 본보기를 보여주고, 시켜보고, 해냈다면 인정하는 행위를 반복하면 된다.

다만 미러 뉴런이 불활성되는 형태와 자폐스펙트럼인 아이의 경우, '시켜보고'와 '인정'의 방법이 다르다. 미러 뉴런이 불활성되는 아이는 부모가 밝은 태도로 단호하게 전달하는 편이 수월하다. 과장스럽게 기뻐해도 좋다. 한편 과활성되는 아이는 강하게 말하는 방식에 충격을 받을 수도 있다. 권유하듯 다정하게 재촉한다. 할 수 없어도 염려하지 않고, 실망하지 않고, 화내지 않는다. 할 수 있게 되었을 때도 소란스럽지 않게 맞잡은 손을 부드럽게 쥐거나, 조용하게 미소 짓고 인정을 표시하는 것만으로도 충분하다.

공감장애와 함께 살아가다

공감장애를 가진 사람을 이끄는 방법

어린 시절 이러한 정서적 지원을 충분히 받지 못한 채 인사가 서툰 사회인이 된 이들을 어떻게 양성하면 좋을까? 공감장애를 가진 사회인이라면 매일 아침 제대로 인사할 수 없고, 고객과 인사를 나눌 때 어색해하고, 주고받는 사소한 잡담에 당혹스러워 하고, 상대의 이야기에 수긍하거나 맞장구치지 못하는 경향이 나타난다.

반면 밝은 성격의 공감장애를 가진 사람은 ADHD 형태의 공감장애로, 인사 표현이 크고 맞장구가 과장스러워 눈에 띈다. 상대를 부정할 때에도 느닷없고, 단호하게 당사자 앞에서 처리한다. 상대방이 상처 받지 않도록 말할 수 있는 방법이 세상에 있다고 생각지 못하기 때문이다.

어느 쪽이든 소속된 사회에서 '숫기 없는 사람'으로, '나쁜 사람은 아니지만 어둡고 내향적인 사람'으로, '대책 없이 명랑한 사람'으로 평가가 끝나면 그런대로 괜찮지만, 업무상 삐걱거린다면 누군가가 지도해주어야 한다. 성인의 경우도 지도하는 방법은 아이와 같다. 아침에 인사도 없이 자리에 앉는 직원에게 "아침에는 인사부터 합시다. 직장이니까 소리 내서 인사합시다" 하고 감정을 섞지 않고 담담하게 설명하는 수밖에 없다. 상사가 솔선해서 "좋은 아침" 하고 인사하며 싱긋 웃어주면 된다. 다만 성인의 경우라면 칭찬할 필요는 없다. 당연한 일을 한 것이니까.

'안녕하십니까' '수고하셨습니다' '먼저 실례하겠습니다' '지금 괜찮습니까?'라는 말을 적절한 타이밍에 할 수 있게 되는 것. 공감장애가 없는 사람은 반사적으로 할 수 있는 행동들이 공감장애를 가진 사람 입장에서는 사회성을 갖추는 첫걸음이다.

넥타이 매듭이나 목걸이 위치를 이용한다

윗사람과 인사하는 경우 자세나 서 있는 위치도 고려해야 한다. 공손히 듣는 자세의 기본은 몸을 곧게 펴고 상대방을 향하는 것이다. 상대의 '넥타이 매듭이나 목걸이 위치'(쇄골 중앙 약간 아래)를 바라보면 적극적이고 신뢰감이 넘치는 사람으로 보인다. 대부분의 사람들은 암묵적으로 알고 있는 행동이다. 반면 공감장애를 가진 사람은 이를 감지하지 못한다. 그래서 상대방 쪽으로 똑바로 향하지 않은 채 아무렇게나 인사하고 이야기를 듣는다. 어쩌다가 몸이 상대방 쪽을 향해도 등이 구부정하거나 허리를 굽힌다.

일반적인 뇌를 가진 사람은 자연스럽게 '시선'이 감정과 연동된다. 상대에게 온전히 의식을 집중하고 있을 때는 특별히 의식하지 않아도 저절로 상대방을 똑바로 바라보고, 떳떳하지 못한 감정이나 상대방과 대치할 마음이 없을 때에는 무의식적으로 '시선'을 피한다. 따라서 이런 행동을 너무 쉽게 제외시켜 버리는 공감장애를 가진 사람은 "할 마음이 있는 거야?" "내 말 듣고 있어?"라는 말을 듣게 되는 것이다.

서 있는 위치의 거리감은 직종이나 입장에 따라 다르기 때문에 지도할 필요가 있다. 공감장애를 가진 사람을 이끄는 어려움은 일반적인 뇌가 무의식적으로 하는 일을 겉으로 드러내 공감장애를 가진 사람에게 전해야 한다는 점에 있다. 하나를 듣고 열을 알기를 기대하는 것은 불가능한 꿈이다. 열을 가르쳐야 겨우 0(스타트라인)이다.

그래도 가르칠 가치는 있다. 공감장애를 가진 사람은 한 번 제대로 궤도에 오르기만 하면 끝까지 참고 계속 노력하는 인재 타입이다. ADHD계열이라면 굴하지 않는 영업사원으로, 자폐스펙트럼계열이라면 뭔가 엄청난 발견이나 신사업을 생각해낼지도 모른다. 아무것도 하지 못하게 하고 직장을 전전하게 만든다면, 가엾고 안타까울 뿐 아니라 크나큰 인재 낭비다.

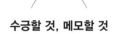

수긍할 것, 메모할 것

남의 말을 듣는 태도도 가르쳐주지 않으면 알지 못한다.

남의 말을 들을 때 상대방의 움직임에 맞추어 수긍하는, 일반적인 뇌를 가진 사람이라면 반사 신경처럼 하는 일도 감지하지 못한다.

이런 행동이 불가능한 사람의 경우, 적어도 '응?'이라거나 '알겠어?'라는 말을 들으면 '네' 하고 대답하고 확실하게 수긍하는 습관을 기르도록 지도한다.

이와 병행해서 메모하는 습관도 익히는 편이 좋다. 고개를 끄덕이지 못해도 메모하고 있으면 안심이 된다. 하지만 공감장애를 가진 사람은 들으며 메모하는 데 서툰 경우가 많다. 공감장애를 가진 사람 입장에서 보면 듣는 일에 집중하는 쪽이 실수가 적다. 그러나 사회인으로서는 이런 상황에 익숙해질 필요가 있다. 모두 메모할 필요는 없다. 포인트가 되는 키워드나 숫자만이라도 메모하면 그걸로 충분하다. 말하는 사람을 안심시키기 위한 퍼포먼스이니까.

또 공감장애를 가진 사람은 대화 내용을 소화시키는 데

에도 시간이 걸리기 때문에 단숨에 말하지 않고 속성에 따라 구분해주는 편이 좋다. "포인트는 세 가지야. 첫 번째는…"처럼. 게다가 이야기 중간에 약간의 침묵을 더해 메모할 시간을 만들어주는 것도 중요하다.

결국 젊은 남성의 뇌는 노련한 여성의 뇌 입장에서 보면 모두 공감장애를 가진 사람이라고 생각하는 편이 낫다. 공감에 서툴고 말을 듣는 방식이 서툰 것은 당연하다. 여성의 뇌가 남성의 뇌에 비해서 훨씬 더 공감기능이 높기 때문이다. 반대로 말하면 사회는 남성의 공감장애에 익숙해져서 비교적 남성에게 너그럽다. 공감장애를 가진 사람이 여성이라면 보다 더 엄격한 입장에 서게 된다.

거듭 강조하지만 "내 말 듣고 있어?" "왜 하지 않아?" "이해하니?" "할 마음이 있는 거야?"라는 표현은 반복해도 의미가 없다. 반복해야만 한다면 상대방이 (어떤 종류인지는 몰라도) 분명 공감장애를 가지고 있다는 뜻이기 때문이다.

"고개를 끄덕이지 않으니까 말을 듣지 않는 것처럼 보여. 상대방에게 조금 더 반응을 보여주는 게 어때? 주위 사람들의 호감도가 높아질 거야"라는 식으로 이끌어주는 수밖에 없다.

에너지 뱀파이어

이렇게까지 고심하고 수고를 들였음에도 공감장애를 가진 사람은 조언(지도)을 순수하게 받아들이지 않는 경우가 많다. 머릿속으로 '이 사람 참 성가시군. 내 평판은 괜찮은 편이니 내버려두지'라고 생각한다. 자폐스펙트럼계열 이외의 공감장애를 가진 사람은 인식프레임이 섬세하지 않기 때문에, 사회를 단순화하고 얕보고 덤비는 것처럼 보인다. 오만해서 그런 게 아니라 사회를 섬세하게 보지 않기 때문에 자신의 언동으로 충분하다고 믿는 것이다.

화가 나더라도 끈기 있게 이끌어주는 것 이외의 방법은 없다. 호되게 당했다고 생각한 지도에 대해 정말로 고맙다고 느끼는 날이 언젠가 온다. 다만 이런 타입은 직장을 전전하기 때문에 그런 날이 당신의 손을 떠난 다음일지도 모른다.

결국 공감장애를 가진 사람을 부하직원이나 가족, 친구로 두게 되면 심적으로 상당히 힘들어진다. 본인도 살아가기 힘들겠지만, 무엇보다 주위의 자발성을 떨어뜨린다. 주위의 에너지를 빼앗는 에너지 뱀파이어라고 할 수 있다.

에너지 뱀파이어는 공감장애가 증가한 최근 2년 사이에 유행하기 시작한 말이다. 주위 사람들의 마음 에너지를 빼앗는 흡혈귀라는 의미일 것이다. 공감장애를 가진 사람의 별명이다. 반대로 말하면 사람이란 공감을 받는 행위를 통해 마음의 안녕이 좌우된다고 생각할 수도 있겠다.

공감장애와 함께 살아가다

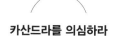

카산드라를 의심하라

　내 지인인 30대 여성은 공감장애를 가진 팀원 때문에 불면에 시달리고, 두통으로 고통받고, 사소한 일에 눈물이 멈추지 않는 등의 증상을 보였다. 이른바 카산드라증후군(Cassandra syndrome, 감정박탈증후군)이다. 발달장애의 한 종류인 아스퍼거증후군(Asperger's syndrome)을 남편이 앓고 있다면, 아내에게서 자주 나타나는 증상이 카산드라증후군이다. 공감에 따라 작용하는 여성의 뇌가 일체의 공감을 받지 못하고 살아가게 되면, 자기가치가 소멸되고 살아가는 의미를 잃어버린다. 이때 나타나는 증상이다.

　그녀의 문제적 팀원은 공감장애를 가진 사람 특유의 '못 들었어요'라는 말을 반복하다가, 인사부서에 직장 내 따돌림을 받고 있다고 신고했다. 더구나 신고한 사실을 상사인 그녀에게 보고한 타이밍이 대단했다. 팀원을 위해 1시간 정도 히어링(hearing, 상대의 근본적인 사고방식을 파악하여 그에 합당한 대응을 하기 위해 이야기를 듣는 것 _옮긴이 주)을 실시했고 마지막에 "그래도 지금의 업무를 감당할 수 없다면 인사부에 부서이동을 요청할 수도 있어요"라고 했더니 "아, 그

거라면 이미 했습니다. 직장 내 집단 따돌림으로 신고했습니다"라고 답했다고 한다. 무언가 해결책을 찾으려고 배려한 1시간 동안, 팀원은 조금도 불편해보이는 기색이 없었다. 그런데 그 1시간 동안 의사소통이 전혀 이루어지지 않았던 것이다. 상사를 신고한 뒤, 그 상사와의 히어링을 태연하게 진행했다니! 그날부터 그녀는 카산드라증후군에 시달리기 시작했다.

공감장애를 가진 팀원 입장에서 본다면 상대방의 마음을 알지 못하기 때문에 '집단 따돌림을 하는 직장상사가 알아듣기 힘든 말을 한다'며 그에 대한 응보로써 그렇게 내뱉었는지도 모른다. 부모처럼 이것저것 애쓴 쪽만 상처받고 만다. 공감장애란 이렇듯 힘겨운 골칫거리다.

공감장애 직원이 많아지면 카산드라증후군에 걸리는 상사도 늘어난다. 직장 내 누군가가 이런 증상을 보인다면 단순한 의기소침이라고 판단해서는 해결할 수 없다. 관리자는 주변에 공감장애를 가진 사람이 있는지 없는지를 판별하는 일을 중요하게 여기고, 이에 최선을 다해야 한다.

카산드라증후군의 해결법은 단 하나다. 상대방(배우자나 부하직원)이 아스퍼거증후군임을 알아채고, 자신이 나쁘지 않다는 사실을 확인하는 것이다. 이것이 뇌과학적으로도 유일한 길이다. 여성의 뇌는 공감을 받지 않으면 자기긍

공감장애와 함께 살아가다

정감이 현저하게 떨어진다. '살아 있을 가치가 없다'라고 뇌가 믿어버린다. 포유류 암컷인 인류의 여성은 한참 생식기일 때, 무리 안에서 비교적 우대받고 감싸고 편들고 보호해주지 않으면 생식을 안전하게 완수할 수 없다. 생식본능의 일환으로써 '주위에 공감 받는 것'을 간구하는 의식이 이미 뇌에 탑재되어 있다. 생식의 파트너인 남편에게 특히 공감을 요구하는 경향이 높다. 그런데 그 남편이 공감장애를 가진 사람이라면 얼마나 괴로울까.

방법은 소중한 사람이 공감장애를 갖고 있다는 사실을 인정하는 것이다. 그러면 '자신이 바라는 공감'은 힘들겠지만 상대에게 악의가 없고, 자신에게 무관심하지도 않다는 사실을 깨달을 수 있다. 함께 의논하고 조금씩 공감하는 연습을 해 나가는 것이 중요하다. 공감장애를 가진 남편이 있는 아내가 구제받을 수 있는 유일한 길이다.

공감장애 중 발달장애 진단을 받지 않은 그레이존(어느 영역에 속하는지 불분명한 지역·집단을 지칭하는 용어 _옮긴이 주)에 있는 사람을 상대하는 이들에게서도 이런 증상이 나타난다. 최근에는 상사와 직원 사이에서 많이 발생하고 있다. 사회에서 회자되는 직장 내 집단 따돌림이나 의기소침하다는 말들에는 대부분 공감장애 문제가 얽혀 있는 듯하다.

내가 공감장애일지도…?

지금까지 내용을 읽어보니 '내가 그런데?'라고 생각하는 독자도 있을 것 같다. "내 말 듣고 있어?" "왜 안 하니?" "이해하니?" "할 마음이 있어?" 등의 말을 다른 사람에게 들은 경험이 있다면 공감장애일 가능성이 높다.

물론 '업종이 전혀 다른 세계'에 막 들어온 경우라면 일시적으로 이런 푸념을 듣게 된다. 예를 들면 오랫동안 한 조직에 있던 무리 가운데 갑자기 문외한이 들어온 경우에는 상식이나 세계관이 너무 달라 인식프레임을 갑자기 바꿔 사용할 수 없다. 보통 시간이 지남에 따라 인식프레임을 서로 상호조정하고 타협할 수 있다.

도저히 타협할 수 없다면 어쩌면 그 집단에 공감장애 성향이 있을지도 모른다. 드라마 같은 상황이지만 '귀족 사회 속에 일반인이 들어가 고생하는 사례'는 귀족들의 인식프레임 쪽에 더 문제가 있는 것처럼 보인다. 만약 '공감장애를 가진 집단' 속에서 에너지 뱀파이어 취급을 받고 있다면 집단을 떠나는 것도 하나의 방법이다. 세상은 의외로 넓다. 꼭 그 자리에서 살아갈 필요는 없다.

공감장애와 함께 살아가다

그러나 어디를 가도 "내 말 듣고 있어?" "왜 안 하니?" "이해하니?" "할 마음이 있어?"라는 말을 듣게 되고 에너지 뱀파이어가 되어버렸다면(가엾게도 당신 자신은 주위 사람들 모두가 에너지 뱀파이어로 보이겠지만), 미러 뉴런의 불활성 형태인 공감장애라는 것을 인정하고 어떻게 사회생활을 할지 전략을 세워야만 한다.

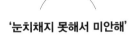

'눈치채지 못해서 미안해'

유감스럽게도 앞서 이야기한 것처럼 미러 뉴런이 불활성되는 형태는 성인이 된 이후에는 고치기 어렵다. 그렇다면 자신이 주위 사람들에게 어떻게 보이는지를 자각해서 마찰을 가급적 줄여야 한다. 앞으로 돌아가 '공감장애를 가진 사람을 이끄는 방법'(205쪽)을 다시 한 번 읽기 바란다.

요컨대 기억할 것은 인사할 타이밍을 포착하고 상대의 말에 수긍할 것, 들을 때 자세에 주의할 것 등이다. 또 주위 사람의 말을 들을 때 어떤 반응을 하는지 잘 관찰해볼 것을 추천한다. 그래도 어렵다면 연기를 해보자. 남들과 같은 수준이 되지 않아도 괜찮다. 다만 조금이라도 노력하기를 바란다. 주위 사람은 분명 그 노력을 알아준다. '서툴지만 열심히 한다'고 말이다.

커밍아웃하는 것도 방법이다. "나는 수긍하거나 관찰하는 데 서툴지만 결코 악의는 없으니 잘 지도해주세요"라고 말이다.

"왜 안 하니?"라는 말을 들을 때는 "그런 말은 누구에게도 듣지 못했습니다"라는 식으로 말해서는 안 된다. "알아

공감장애와 함께 살아가다

차리지 못해 죄송합니다" 하고 깔끔하게 고개를 숙인다. 가족이나 연인 등 친밀한 이들에게도 눈치채지 못해 미안하다고 말하는 것이 좋다.

'쓸모없다' '할 마음이 없다'고 평가받더라도 직장 내 집단 따돌림이라고 단정해 피해버리는 것은 하책이다. 수긍하려는 노력과 헤아리지 못한 것에 대한 반성을 잠시만이라도 해봤으면 좋겠다. 그럼에도 불구하고 상사의 태도가 전혀 나아지지 않는다면 상사 쪽이 공감장애일지 모른다. 그때는 관계를 끊으면 된다.

주위 행동이 '풍경의 일부'로 보인다

공감장애를 가진 사람의 문제는 대화에서만 드러나는 게 아니다. 다른 사람의 태도를 잘 인지하지 못해서 타인의 행동을 순간적으로 이해하지 못한다. 예를 들면, 선배가 회의자료를 급히 나누어주고 있다. 옆에 있던 내가 절반 정도 받아서 반대쪽에 나누어주면 틀림없이 도움이 될 텐데 이런 당연한 일을 알아차리지 못한다. '나누어주면 도움이 될 것'이라는 사실을 눈치채지 못하는 것이 아니다. '회의자료를 서둘러 나누어주고 있다'는 상황 자체를 제대로 인식하지 못한다. 마치 플랫폼 역무원의 행동을 스치듯 보지만 특별히 무엇을 하고 있는지 확인하지 않는 것과 같다. 그들에게는 풍경의 일부이기 때문이다. 보통은 상대방에게 흥미가 없을 때에 생기는 태도여서 직장에서 이런 일이 생기면 '업무에 흥미가 없다'는 식으로 받아들여, 할 마음이 있냐는 비난을 받는 것이다. 공감장애를 가진 사람은 흥미나 책임감 유무에 상관 없이, 주위 사람의 태도가 풍경의 일부로 보이기 때문에 비난해도 의미가 없다. 애초에 무엇을 불쾌하게 여기는지조차 이해하지 못하기 때문이다.

왜 엉덩이를 닦아줄 수 없어?

'좀 도와주면 좋겠는데 알아차리지 못하네. 왜 내게 관심이 없는 걸까?'

남편에게 이런 감정을 느끼는 아내가 많을 것이다. 갓난아기의 기저귀를 갈아주는 데 고전하는 아기엄마. 아이가 자꾸 빙그르 뒤집어지니까 엉덩이를 말끔하게 닦아내지 못한다. 그럴 때 옆에 멍하니 있는 남편의 모습은 진짜 절망적이다. 부탁하면 들어주겠지만 말로 해야만 하는 '무관심'에 상처받고 만다. 그러나 남편은 결코 무관심한 게 아니다. 아내의 움직임을 순간적으로 뇌 속에서 모방할 수 없기 때문에 풍경 속에 녹아들고 마는 것이다.

사실 남성은 여성의 행동을 인지하기 어렵다. 남녀는 뼈의 형태가 다르다. 예로 쇄골과 흉골의 이음매 부분의 형태가 달라서, 여성의 쇄골은 옆으로 미끄러지기 좋고, 남성의 쇄골은 앞뒤로 회전하기 좋다. 그래서 여성은 어깨를 거의 움직이지 않고 미끄러지듯 쇄골을 사용해 우아한 하나의 동작으로 물건을 잡는다. 남성은 어깨를 드는 기분으로 '손을 내민다 → 되돌린다'는 펀치 같은 두 가지 동작으로 물건을 잡는다.

'물건을 잡는다'를 두 동작으로 인지하는 남성의 뇌 입장에서, 한 동작인 여성의 행동은 인지하기 어렵다. 자신의 행동 인식프레임보다 상대방 행동의 수가 적기 때문이다. 반대로 한 동작인 여성의 입장에서는 남성의 행동은 과장스러워 보이기 때문에 잘못 인지하는 경우가 없다. 그뿐 아니라 남성의 행동이 난잡하다고 느껴 스트레스를 받기도 한다. 물론 이런 행동이야말로 '이성적인 매력' '남자답고 섹시하다고 느끼는 감정의 핵심이지만, 출산 직후 '갓난아이에게 인식프레임을 맞추고 있는 여성' 입장에서 남편의 행동은 정말로 엉성하고 과격해보인다. 물론 남편은 억울하다. 주방을 완전히 장악하고 있는 베테랑 아내일수록, 남편이 주방에 들어가면 짜증이 난다고 호소하는 것과 비슷한 맥락이다.

남편과 아내 사이에서 말로 표현하기 힘든 어느 정도의 거리감은 행동 인식프레임의 구조 차이가 만들어낸다. 여성이 테이블 위에 묻은 때를 닦아내는 몸짓은 남성 입장에서 보면, 무척이나 우아하고 예뻐 보일 뿐 아내가 곤란해하고 있다는 감정은 도저히 알아챌 수 없다. 늘 함께 있는 아내의 행동은 더욱더 간과하기 쉽다.

아내에게 무관심한 게 아니라, 일체감이 강해서 '자신과 더불어 다정한 풍경'으로 인지하고 있는 것이다. 그래서 아내를 잃은 남성의 상실감은 여성이 상상하는 것보다 훨씬 더 크다.

어른이 되면 친구는 골라 사귀자

이러한 연유로 세상의 모든 아내에게 남편은 공감장애를 가진 사람으로 보인다. 이것을 애정결핍(무관심)이라고 생각해버리면 평생 부부관계에서 애정결핍이 충족될 가능성은 없다. 상대방이 변해도 정도의 차이는 있지만 마찬가지이기 때문이다. 상대방에게 보이지 않은 것이 있음을 이해하고, 알게끔 끈기 있게 노력해야만 한다.

행동으로 보여주고, 말해주고, 시켜보고, 칭찬해주지 않으면 사람은 동하지 않는다. 야마모토 이소로쿠(山本五十六, 일본 해군 제독 _옮긴이 주)의 명언이지만, 남편 키우기의 진수라고 생각한다. 명언에는 다음 내용이 담겨 있다.

서로 이야기하고, 귀를 기울이고, 인정하고,
맡겨주지 않으면 사람은 자라지 않는다.
하고 있는 모습을 감사하게 지켜보고
신뢰를 주지 않으면 사람은 결실을 맺지 못한다.

인식프레임이 다른 사람의 행동양식을 개선한다는 것은

공감장애와 함께 살아가다

각오가 필요한 일이다. 끈기도 필요하다.

남편이나 부하직원이라면 시도해볼 가치가 있다. 자신에게 없는 인식프레임을 가진 사람은, 닫혀 있거나 잘못된 내 견해에 다른 길을 열어주기 때문이다. 내 약점을 일깨워주어 리스크에 대비할 수도 있다. 그렇지만 '아무 생각 없이 편히 만나는 친구'가 에너지 뱀파이어라면 쏜살같이 달아나라고 말해주고 싶다.

야마모토 이소로쿠가 말하는 정도의 각오가 없다면 공감장애를 가진 사람과 제대로 지낼 수 없다. 그 친구와 함께 있으면 의욕이 떨어진다, 눈치가 없어 답답하다, 욕구불만이 일어나 우울해진다. 그런데 왜 친구로 지내는가? 어른이 되었다면 자신의 뇌를 활성화시켜주는 사람과 사귀면 된다. 친구는 선택사항이다.

의욕 없는 팀원이 사랑스러운 팀원으로

공감장애를 가진 팀원과 잘 지내고 싶다면 수긍하는 법을 지도하는 것 외에 하나 더 해야 할 일이 있다. 모든 업무의 규칙화다.

공감장애를 가진 부하직원이 무언가를 빠뜨리면 빠뜨린 태도를 꾸짖는 것이 아니라, 재빠르게 규칙화해 가는 것이다. '인사하지 못한다' '회의자료를 배부하는 일을 돕지 않는다' '엘리베이터 버튼을 누르지 않는다' '상대방의 말에 제대로 반응하지 못한다' '메모하지 않는다' 등등 그때마다 '이런 때에는 이렇게 할 것'이라고 업무화해서 추려나가는 것이다.

그는 업무 파악 자체가 뜻대로 되지 않는다. 할 마음이 없는 게 아니라 해야 하는 일을 찾지 못한다. 어렴풋이 자신이 도움되지 않는다는 것을 깨닫고, 무언가를 하려고 한 나머지 하지 않아도 되는 일을 하기도 한다(마실 차가 있는데 커피를 가져오기도 한다).

공감장애를 가진 사람을 지도할 경우, 몇 번이고 담담하게 업무를 추려내는 것이 중요하다. 몇 번이고 같은 일이 반복되면 뇌 속에서 규칙이 만들어진다. 규칙화만 된다면 안타까울 정도로 열심히 일을 해낸다.

그렇게 된다면 요령 좋은 전형적인 사람보다도 훨씬 충실한 팀원이 되어줄 것이다. 궁리하지 못하는 만큼, 상사의 말을 얕보는 일도 없다. 공감장애를 가진 사람을 '할 마음이 없다'고 단정 지어버리면 귀여운 구석이 없는 팀원이 되겠지만 '해야 할 일을 찾을 수 없는 것뿐'이라고 이해하고 차근차근 알려주면 사랑스러운 팀원이 될 수 있다.

아내의 입장에서는 집안에 있을 때의 남편이 그렇다. 할 마음이 없는 게 아니라 해야 할 일을 찾지 못한다. 짜증내지 말고 해야 하는 일을 (요령은 어르고 고마워하면서) 알려주면 필시 믿음직스럽게 해낼 것이다.

어떤 뇌든 강점이 있다. 자폐스펙트럼이라도 ADHD라도 단순한 공감장애라도 모두 각각의 강점이 있다. 개성이 있는 뇌를 최대한 활용하면 다른 사람에게는 없는 '새로운 발상'이나 '리스크 대비'를 할 수 있게 될 것이다.

나누기를 못한다?

최근 20대에서 공감장애가 늘고 있다. '그거, 못 들었는데'라는 말이 20대의 입버릇인가 싶을 정도다. 많은 장소에서 최근 2년 동안 신입사원의 상태가 이상하다는 목소리가 높아지고 있다.

얼마 전 미용실 경영자의 고민을 들었는데 '요즘 아이들은 나눗셈을 하지 못한다'는 푸념이었다. 염색약을 혼합할 때 '301번 색과 216번 색을 2대 1로 섞어서 100g'을 만들어달라고 부탁했더니 터무니없는 색을 만든 사례가 최근 1, 2년 사이에 늘었단다.

이 사례에서는 301번 색은 $100 \div 3 \times 2 = 67g$(소수점 이하 반올림), 216번 색은 33g을 투입해 섞는 것이 정답이다. 경영자는 '나눗셈을 못한다'고 말하지만, 직감적으로 나눗셈 문제가 아니라 공감장애 아닐까 싶었다.

미용실에서는 나눗셈 같은 건 하지 않아도 된다. 눈대중으로 트레이 위에 2:1로 정도로 염색약을 덜면서 100g으로 만들면 된다. 요컨대 센스가 없는 것이다. '2대 1 정도의 양'이 직감적으로 떠오르지 않는 것이다. '2대 1 정도의 양'

을 가늠하는 센스가 없다면 이는 용인 가능한 오차를 넘어선다. 전혀 다른 색깔이라고 선배 미용사가 한탄할 정도이니까.

"색을 배합하지 못하는 직원은 섞는 일도 서툴지 않아요? 바닥에 떨어진 머리카락도 직접 지시하지 않으면 치우지 않고요?" 하고 물으니 "맞아요! 염색약은 뻑뻑하니까 잘 섞어야 하는데 그냥 계속 빙빙 돌리기만 하니까 약이 전혀 섞이지 않지요. 바닥에 떨어진 머리카락을 쓸기는커녕 샴푸할 때도 매번 부르지 않으면 오지 않을 정도예요. 보통은 알아서 뛰어 오는데 말이죠."

확실히 공감장애다. 최근 2년 동안 이런 일이 급증했다고 한다.

수학 센스도 공감에서 비롯된다

이과 계열의 센스도 공감력에서 온다. 공감력을 통해 '행동을 수반하는 개념'을 얻을 수 있고, 이 개념은 1차원(평면 전개도)에서 3차원(입체완성형)을 가능하게 한다. 수에 대해 어떤 공감력이 작용하지 않으면 수의 세계를 노닐 수 없다.

보기만 한 분량을 실제 무게로 대체하는 힘. 눈대중이 가능하다는 것은 이런 뜻이다. 일반적인 뇌를 가진 사람 입장에서는 무의식적으로 해버리기 때문에 새삼스럽게 말로 표현하면 오히려 어렵게 느껴질 수 있다.

염색약의 사례처럼 어떤 종류의 공감력이 작용하지 않으면 눈대중으로 측정할 수 없기 때문이다. 염색약을 접하지 않고도 마치 접한 것처럼 재질을 느끼는 힘이 뇌에 없으면 '양'에 대한 감각도 생기지 않는다.

이 감각은 4살부터 8살까지에 해당하는 소뇌 발달기에 생성된다. 모래놀이나 점토놀이 또는 요리를 도와주거나 서로 과자를 나누어 먹거나 하는 동안에 저절로 익는 감각이다. 그러나 이런 행동들이 몸에 익으려면 미러 뉴런이 제대로 작용해야만 한다.

미용실에서 "터무니없는 색을 만들어내고도 천하태평이에요"라고 탄식하는 '요즘 젊은이'는 8살까지의 손장난(손놀이) 경험이 현저하게 부족하든지(게임에 몰두한 결과일까? 아니면 영재교육의 폐해일까?), 3살 이전에 미러 뉴런이 불활성되었을 가능성이 높다.

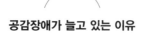

공감장애가 늘고 있는 이유

아이들에게도 공감장애가 늘고 있다.

초등학교 선생님이나 교육상담가도 지금 초등학교 모습이 다르다고 입을 모아 말한다. 선생님의 말에 일제히 고개를 끄덕이는 모습이나 아이들의 연대감이 깊지 않다. 또한 라디오체조(일본의 국민체조 _옮긴이 주)를 가르치는 데 몹시 고생한다고 한다. '선생님의 자세를 보고 따라하지 못하는 아이'가 늘고 있기 때문이란다. 그래서 '라디오체조를 익혀 오는 숙제'를 낸다고 한다. 우리 세대나 아들 세대에는 생각도 못했던 일이다.

선생님이 하는 말에 제대로 고개를 끄덕이지 못하며 선생님의 자세를 따라하기 어렵다. 공감장애로 볼 수 있는 현상인데, 최근 초등학교에서 이런 학생이 두드러지기 시작했다고 한다.

왜 그럴까? 앞서 이야기했지만 사람의 뇌는 태어난 순간, 생애 최대의 뉴런을 보유한다. 3살까지 그 숫자가 줄어들면서 뇌의 활성 상태를 조절한다. 3살까지의 뇌는 '빼기'다. 미러 뉴런에 관해 말하자면 3살까지의 뇌가 하는 일은 미러 뉴런의 활성 상태를 '알맞게' 만들어가는 것과 다름없다.

모든 모음을 인식해버리면 사람의 음성파형에서 말을 포착할 수 없다. 7종류 정도의 모음에만 반응해야 비로소 말을 인지할 수 있다. 말뿐 아니라 그외 다른 것도 마찬가지다. 모든 것을 인식해버리면 오히려 순간적인 판단이 불가능하기 때문에 '인식 요소'를 줄여 인식 요소끼리의 관계성을 정보로 포함시켜 '인식프레임'을 생성해간다.

3살까지 중요한 것은 체험이다. 뇌가 3살까지 극적으로 뉴런 수를 줄여가는 가운데 무엇을 남길 것인가에 대해서 체험을 통해 뇌에 각인되기 때문이다.

어린 아이들에게 공감장애가 늘고 있는 것은, 3살까지 필요한 체험이 어떤 이유로 결핍되었기 때문 아닐까 싶다. 자폐증도 아니고 ADHD도 아닌 공감장애를 가진 사람은 단순히 미러 뉴런의 불활성 형태로 보인다. 3살까지 '적당히 좋은 활성 상태'를 만드는 시기에 '남겨야 하는 미러 뉴런'을 남기지 못했다는 말이 된다. 미러 뉴런을 사용하는 체험의 부족이다.

혹시 엄마들이 수유 중에 보는 스마트폰과 관련이 있지 않을까?

공감하는 힘은 수유 중에 만들어진다

타인의 태도를 모방하는 힘은 태어난 지 얼마 안 된 갓난아기에게 가장 강하게 준비된 힘이다. 달래면 웃는다. 무언가가 움직이면 가만히 응시한다.

얼굴을 감추었다가 보여주는 까꿍 놀이, 코코코 놀이 등은 미러 뉴런을 자극하는 놀이다. 옹알이로 대화하는 것은 뇌 발달의 기본이다. 엄마들은 자연스럽게 갓난아기의 옹알이로 음정을 맞춘다. 갓난아기가 높은 음정으로 "바~" 하고 말하면 같은 높이로 "바~ 뭐야~" 하고 응해주고, 낮은 음정으로 "부~" 하고 말하면 같은 음정으로 "부~구나" 하고 대꾸해준다.

고양이를 좋아하는 사람은 고양이를 갓난아이처럼 대한다. 내 남편도 나에게는 들려주지 않았던 높고 다정한 목소리로 우리집 고양이에게 "냐아~ 다녀왔어"라고 인사한다. 이런 옹알이 대화는 머더링(mothering, 어머니가 아이를 따뜻하게 보살피는 일 _옮긴이 주)이라 부르고 말과 소통의 기초를 구축한다.

뇌과학 측면에서는 이보다 훨씬 전에 소통에 중요한 요소가 있다. 바로 수유다. 수유 중 갓난아기의 입꼬리 근육은 입체적으로 미세하게 움직인다. 입꼬리 근육으로 엄마의 표정 근육을 읽어내고 자신의 표정 근육을 수월하게 전달한다. 미러 뉴런이 가장 유효하게 사용되는 시간이라고 말해도 과언이 아니다. 수유 중에 엄마가 갓난아기에게 집중하고 눈을 맞추거나 미소 짓거나 말을 건네거나 하는 것이 말과 소통의 인식프레임을 만들어낸다. 공감력이 주축이 되는 것이다.

우유를 젖병으로 주는 경우도 마찬가지다. 따라서 수유하는 모든 이들이 이 점을 명심하길 바란다. 수유 중에 다른 쪽을 보면 절호의 기회를 놓쳐버리고 마는 것이다. 하루하루 뉴런의 수를 줄여가는 가운데 '남겨야 하는 뉴런'을 정해주지 않으면 뉴런은 사라져간다. 아이가 아닌 '다른 쪽을 보며' 수유를 하게 되면 공감 경험이 결핍된다.

아이의 공감장애를 호소하는 엄마에게 물어보면 수유 중에 휴대전화 사용은 말할 것도 없고, '아기 의자에 젖병을 고정시켜 혼자서 먹게 했다'는 용감한 사람도 있다. 산후우울과도 관련이 있어 엄마만을 나무랄 수는 없지만, 결과적으로 아이의 공감장애를 만들 가능성이 높다는 사실은 부인할 수 없다.

오늘날 20대 초반의 젊은이에게 공감장애가 두드러지기 시작한 것은 휴대전화나 휴대용 게임기의 보급과 무관하지 않을 것이다. 또한 요즘 엄마들의 SNS 이용률을 생각하면 앞으로 이런 경향이 틀림없이 가속화될 것이다.

이제부터 갓난아기를 키우는 사람은 수유 시간의 소중함을 명심하길 바란다. 젖병 수유도 마찬가지이니 엄마 대신에 우유를 주는 육아대디도 명심해야겠다. 만약 엄마가 여건이 안 된다면 주위에서 더 많이 지원해주어야 한다. 갓난아기에게는 시간이 없다. 3살(세 돌)까지 공감력을 만들고 키우기 위해 체험을 거듭해야 한다. 젖먹이 아이가 있는 이들 모두에게 더욱 기운 내라고 이야기해주고 싶다.

산후우울도 없는데 스마트폰에 열중해서 결과적으로 그렇게 되었다고 말하는, 무심코 하게 되는 '외면 수유'는 너무나도 안타깝다. 아이의 귀여운 사진을 SNS에 올리기 전에 귀여운 아이 쪽으로 얼굴을 돌려야 한다고 당부하고 싶다. 그렇다고 지나버린 육아 기간을 두고 후회할 필요는 없다. 지금까지 스마트폰을 보며 수유했다고 해서 육아에 '실패했다'고 생각하지 말기를 바란다.

이 책에서 몇 번이나 언급했지만 공감력이 낮은 사람에

게는 나름의 귀엽고 깜찍한 개성이 있다. 공감력이 낮은 사람은 이해할 수 있는 몇 안 되는 이들(가족 등)을 진심으로 소중하게 여긴다. 살아가기 힘든 면은 있지만 결코 실패한 것은 아니다. 중요한 것은 공감장애를 본인이나 부모(보호자)가 본인의 게으름이나 나쁜 성격 탓이라고 자책하지 않는 태도다.

인류를 한 걸음 더

'공감장애'의 원인을 사회가 인정하고 부모들의 자각을 촉구하려면 조금 더 시간이 필요하다. 라디오체조를 숙제로 만들어버린 세대가 사회에 나올 무렵(약 10년 후)에는 공감장애가 다수가 될 가능성이 있다.

앞으로 10년 안에 인공지능이 현격하게 발달할 것이다. 공감장애를 가진 직원을 채용하기보다 인공지능을 쓴다는 방안도 당연히 생겨날 것이다. 그러면 '활용 가능한 인력으로 기능할 수 없는' 세대 구간이 생겨버린다. 공감장애를 가진 사람 본인으로서도 사회로서도 상책은 없다.

공감장애가 늘고 있다. 사람의 마음을 지치게 만드는 에너지 뱀파이어라고 불리는, 공감장애를 가진 사람은 주위에서 말하는 것을 잘 이해하지 못하고 오히려 자신이 살아가기 힘들다고 느낀다. 주위 사람들도 안타깝고 본인도 안쓰러운 일이다. 그 사실을 이제 막 깨달은 지금, 나는 '뇌의 인식프레임 차이를 서로 바로잡는 인류가 되자'는 말밖에 할 수 없다.

지금껏 나는 남녀가 다른, 모어가 다른, 시대가 다른 뇌의 인식프레임의 이상적인 상태를 추구해왔다. 남녀 각각의 뇌가 느끼는 방법은 크게 다르지만 어떻게 다른지를 알면 제대로 다가서는 방법을 찾을 수 있다. 공감력이 적당한 사람과 그렇지 않은 사람도 마찬가지다. 어떻게 다른지를 이해하면 어떻게든 서로에게 다가설 수 있다.

　뇌는 사람마다 제각각이다. 차이를 용인하고 가끔은 즐겁게 서로 활용하면 발군의 관계를 만들어갈 수 있다. 이것을 실현할 수 있다면 인류는 새로운 시대로 들어설 수 있을 것이다. 어쩌면 아득한 옛날 사람이 도구나 불을 사용하게 되었을 때와 견줄 만한 비약적인 진화를 이루게 될 수 있지 않을까.

공감장애의 발견

신쵸샤(新潮社)의 가와카미 사치코(川上祥子) 씨가 에너지 뱀파이어(정서적 뱀파이어emotional vampire와 같은 말 _옮긴이 주)라는 주제로 책을 써 달라고 요청한 게 1년 반 전이다.

에너지 뱀파이어? 반문했던 나에게 '최근 유행하는 말이며, 남의 에너지를 빼앗아버린다는 뜻으로 남의 감정을 시들게 하는 사람'이라고 일러주었다. 설명을 들으니 '남의 감정을 시들게 만드는 당사자도 괴롭겠다'는 생각에 의기소침해졌다. 뇌과학 측면에서 보면 '어떤 특수한 상태'를 보이는 뇌에는 나름의 사정이 있다.

에너지 뱀파이어라고 불리는 사람들은
어떤 '뇌 상태'일까.
주위 사람들과 어떤 마찰을 일으키고 있을까.

　남녀의 뇌를 비롯해서 뇌의 이상적인 모양 차이에 관심을
기울이고, 그 차이로 인해 발생하는 결과에 희비가 엇갈리는
것을 지켜봐 왔던 나에게 가와카미 씨가 요청한 주제는 정말
매력적이었다.

　하지만 '남의 감정을 시들게 만드는 사람'이라는 주제는 의
외로 어려웠다. '저 사람은 감정을 시들게 한다'며 호소하는 당
사자가 감정을 시들게 하는 주체인 경우도 많고, 뇌의 감성에는
분명한 차이가 존재하기 때문이다. 도대체 무엇을 기축으로 뇌
의 차이를 파악하면 좋을까, 눈앞이 깜깜해졌다. 출판사에 시
간을 조금 달라고 부탁하고 이 주제를 마음속에 품고 지냈다.

　우연찮게도 같은 시기에 ADHD 증상을 가진 직원이 '인간
관계에 대한 고민'을 털어놓았다. 바로 본문에 등장하는 내 소
중한 친구다. 나는 그녀의 능력도 성실함도 인정하지만 주위에
서는 그녀에 대한 신뢰도를 낮게 평가하는 경향이 있었다. '당

신의 뇌를 분석해서 제대로 처신하도록 하자'며 인식프레임의 약점을 함께 검증하고 어떻게 처신하면 좋을지 다양한 아이디어를 냈다. 그렇게 도달한 지점이 '공감장애'라는 키워드였다.

그녀는 타인과 함께 맞물려 일할 수가 없었다. 상대방의 호흡 속도, 상대방의 말을 잇는 속도를 파악할 수 없어서 실례되는 타이밍에 말을 끊어버리고 만다. 그런 행동을 나무라면 이번에는 대화에 끼어드는 타이밍을 파악하지 못해 호응하지 못하곤 한다. 함께 일하는 사람들은 그녀를 '무신경한 사람' '능력치가 낮은 사람'이라고 느끼지만 이는 오해다. 이것은 공감장애지, 머리가 나쁜 게 아니다.

주의력 결핍과 과잉행동의 경향은 뇌 인식프레임의 특성 중 하나이기 때문에 인식프레임이 갖추어진 성인이 된 뒤에는 고치기 어렵다. 하지만 공감장애를 극복하면 개성적이고 당당하고 시크한 멋진 사람으로 활약할 수 있다. 나는 그녀의 증상(ADHD의 전형적인 증상)을 그렇게 판단했다.

그녀는 수학과 물리학에 관심이 크고 이해력 또한 높았다. 일련의 수를 보고 그 자리 수의 합계치(123이라면 1+2+3=6)를 중요요인으로 직감하고 기억하는 습관도 있고, 어떤 의미로는 천재적인 뇌를 가진 사람이다. 게다가 사람의 감정에 영향을 잘 받지 않기 때문에 '기가 죽는 상황'에 처해도 기죽지 않는다. 주눅들만한 업무에도 의욕이 꺾이지 않는다. 그녀의 뇌에는 그녀의 뇌밖에 할 수 없는 일이 있다. 그것을 '무신경한 사람' '못난 사람'으로 단정 짓는 것은 곤란하다.

공감장애는 최근 1년 반 동안 나의 소중한 주제였다. 공감장애에 대해 깊이 이해하기 위해 자폐증 공부에 몰두했던 나는, 공감장애에 다양한 층위가 있다는 것을 깨달았다. 무엇보다 나 자신도 자폐스펙트럼이라 그녀와는 다른 타입의 공감장애를 보이고 있었다.

공감장애는 오해를 낳는다. 그 사람의 성의나 사랑이나 능력이 부족한 것처럼 보인다. 그러나 그렇게 단정 지으면 문제의 본질을 놓치고 만다. 또 그런 오해는 공감장애를 가진 사람과 함께 살아갈 수 없게 만든다. 상대방이 에너지 뱀파이어로 느껴지기 때문이다.

공감장애에 관심을 두지 않으면 '살아가기 힘든 사람들'을 구할 수 없다. 그들을 에너지 뱀파이어라고 부르며 매일 감정이 시드는 사람들도 구할 수 없다. 공감장애를 해명하는 일은 나의 중대한 사명이 되었다.

공감장애에 대해 연구하던 중, 신기하게도 젊은 교육 상담가가 '초등학교의 이상한 현상'을 호소하며 조언을 받으러 찾아왔다. 그 덕분에 다양한 현장에서 공감장애 사례에 대해 들을 수 있었다. 또 최근 1, 2년 사이 공감장애가 늘고 있다는 목소리도 들을 수 있었다. 사회현상이라고 불러도 과언이 아니다. 그 원인의 일부가 스마트기기에 있을지도 모른다!

'에너지 뱀파이어'라는 키워드로 시작한 1년 반 동안의 여행은 뜻밖의 장대한 여정이 되고 말았다.

주제가 너무 커서 좀처럼 책으로 엮어낼 수 없었던 오랜 시간을 가와카미 씨는 평온하게 기다려주었다. 가와카미 씨의 인내가 없었더라면 이 책은 세상에 나오지 못했을 것이다. 진심으로 감사하다.

또한 내 연구에 시종일관 곁에 있어 준 자폐증 그룹홈의 프로듀서 히라오카 미호코(平岡美穂子) 씨, 마음의 고민을 솔직하게 털어놔 준 내가 가장 좋아하는 직원이자 친구에게도 진심으로 감사와 성원을 보낸다.

이 책은 많은 사람의 사랑과 '이해하려는 마음'이 없었다면 태어나지 못했다.

공감장애는 아직 사고의 실험에 지나지 않지만 이 책에서 내가 밝힌 내용으로 인해 '살아가기 힘든' 사람들이 조금이라도 마음 편해지면 좋겠다.

그런 의미에서 이 책을 들고 마지막까지 읽어준 당신에게 눈물이 날 정도로 감사한 마음을 전한다.

모든 이에게 편안한 새로운 내일이 오기를 바란다.

2019년 초봄 아침에

구로카와 이호코

뉴스와 기사를 통해서 혹은 속해 있는 조직사회의 젊은 친구들과 접하면서 내가 꼰대가 되어가나 의구심이 들 때가 있습니다. 동년배 또는 연세 많은 어르신과 대화를 나눌 때 유독 힘이 들 때가 있습니다. 서로 지내온 환경이 다르니 생각도 다를 거라고 머리로는 이해가 되는 것 같지만, 심적으로는 도무지 납득이 안 되는 상황이 종종 발생하곤 합니다. 세대 차이라고만 느꼈던 거리감이 어쩌면 공감장애일 수도 있다는 사실을 이 책을 통해 알게 되었습니다. 나 또한 누군가에게는 에너지 뱀파이어일 수도 있다는 사실과 함께.

이 책 『눈치가 없어 고민입니다』는 공감장애에 대해 이야기하지만 그 바탕에는 사람 대 사람, 사람 대 일의 관계를 어떻게 풀어나가야 하는지 설명합니다. 요즘처럼 세상이 둘로 나뉘어져 서로를 물어뜯었던 적이 있었나 싶을 만큼 우리의 관계는 외나무다리를 건너듯 아슬아슬합니다. 상대방을 나와 같은 사람으로 인정하되, 나와 다른 생각을 가진 사람임을 인정하는 것, 나와 생각이 다르다고 해서 그게 나쁘다는 뜻은 아니라는 것, 이것만 인정하고 받아들여도 살아가면서 얼굴 붉힐 일은 그리 많지 않을 것 같습니다.

돌이켜 생각해보면 아이를 키우면서 가장 힘들게 느꼈던 점은 수유나 기저귀 갈아주기, 놀아주기, 재우기, 이유식 등이 아니었습니다. 자신의 뜻대로 되지 않는 상황을 견디지 못해 울며 날뛰는 아이를 통제하고 달래야 하는 부모로서 살펴야 하는 주변의 눈치였습니다. 사람으로 꽉 찬 퇴근길 지하철 속에서 서너 살 된 아이는 답답함을 견디다 못해 울음을 터트립니다. 아무도 뭐라고 하는 사람은 없지만 나는 다음 정거장에서 내렸습니다. 아이에게는 잠시나마 환기가 필요하다고 느꼈고, 지친 몸을 이끌고 퇴근하는 사람들에게 민폐를 끼치고 싶지 않은 마음이었습니다. 나에

게는 눈에 넣어도 아프지 않은 어여쁜 아이지만, 누군가에
게는 귀찮고 시끄러운 존재에 불과할 수도 있음을 아이를
키우면서 배웠습니다.

저자는 내가 주위 사람들을 바라보는 시각의 차이로 '세
상'이 만들어진다고 이야기합니다. 퇴근길 지하철 속에서
우는 아이를 들쳐 업고 다음 정거장에서 다급히 내릴 때
휘몰아쳤던 아찔함이, 바람을 쐬고 아이가 진정되자 정신
이 번쩍 들었습니다. 지하철 안에서 아이가 울 때 나이 지
긋한 아주머니와 어린 학생이 건네준 사탕이 내 손에 들려
있었습니다. 그날 이후로 제 가방에는 사탕이 떨어지지 않
습니다.

이 책을 통해 누구에게나 존재할 수 있는 공감장애를 이
해하고, 내가 선택한 정답이 누군가에게는 오답일 수 있음
을 인정하며, '다름'을 이해할 수 있는 계기가 되기를 바랍
니다.

2020년 봄을 기다리며

김윤경